本书获吉林省教育厅科学研究项目（JJKH20240182SK）、
吉林财经大学博研培优专项探索项目（2024TS015）、横向课题项目（横20230013）、
吉林财经大学博士基金项目和吉林财经大学资助出版

赵紫薇———著

INSTITUTIONAL
CHANGE
AND

COORDINATION OF
SOCIAL ELDERLY CARE
SERVICES

社会养老服务的
制度变迁
与协调

社会科学文献出版社
SOCIAL SCIENCES ACADEMIC PRESS (CHINA)

摘　要

　　改革开放以来，市场开始主导个体的流动，工作求职、核心家庭及学习深造等方面的需求与压力，致使子女难以担负对父母的日常照护责任，家庭的养老功能日渐式微，而来自社会的养老服务逐渐发展。目前，我国正处于老龄化的高速发展阶段，随着经济社会发展与个体需求层次的深化，国家的社会支出及制度建设重点逐步由经济保障转向关注个体的福利服务，社会养老服务政策数量明显增多。然而，尽管当前倡导供给主体多元化的社会养老服务政策不断推进，机构与社区却始终难以有效承接不断外化的老年服务需求，社会养老服务发展面临供需失衡的现实问题。具体体现在养老机构床位空置率高、盈亏不平衡、服务设施利用率低，而在居家社区养老服务政策实践中，政府与服务机构也陷入两难的境地：一方面，政府在引导老年人形成购买居家社区养老服务的消费习惯、推动居家社区养老服务供给发展时面临阻碍；另一方面，居家社区养老服务机构在政府资助以外的盈利点不足，自主生存与发展空间受限。

　　对于当下社会养老服务发展所陷入的困局，理论界已从服务供给的角度，指出社会养老服务的困境源于服务供给的不足、低质与错位，或基于服务需求角度指出供需失衡的原因在于部分老年人的收入来源不足、消费总量偏低且结构不合理。在政策实践中不断强化社会养老服务的供给侧改革，强调全面放开养老服务市场，同时以养老床位数作为服务建设的评价指标；或从需求侧以服务券等形式为老年人提供经济补贴以期助推社会养老服务的长效发展。当前，老年人居家社区养老及机构养老需求都呈上升趋势，但机构养老供需失衡问题仍然存在。近年来的多维统计数据显示，我国社会养老服务依然存在床位空置率高且盈亏失衡，服务设施利用率、满意度及消费意愿低等问题，供需失衡问题长期存在。

本书从社会养老服务发展相关文献资料与服务实践调研入手，通过对既有文献研究、相关政策文件查阅梳理，并基于现有统计资料分析我国社会养老服务发展面临的现实问题，继而采用问卷、访谈及参与观察法对J省C市社会养老服务发展问题及其出路展开进一步剖析与探讨。在对我国社会养老服务发展的现状及问题阐释的同时，基于J省C市社会养老服务政策的实践状态、机构与居家社区养老服务发展历程及现实问题等展开调研，对社会养老服务发展问题的深层根源进行理论与实践解析。

社会养老服务发展问题的产生根本在于其在发展过程中相关正式制度与非正式制度变迁的不平衡。在制度变迁理论看来，社会养老服务面临供需失衡的问题是其发展过程中制度结构的不平衡所导致的，正式制度的变迁虽易于实现，但非正式制度的演进具有时滞性且更为深刻地约束个体的行为选择。来自习俗的非正式养老服务制度具有自发性与长期性，其变迁的时滞性会削弱或扭曲来自国家的正式制度的有效实施，使正式制度陷入低效甚至无效的状态，增加正式制度变迁的成本。一方面，非正式制度的变迁具有延续性，家庭养老文化传统与思维惯性深刻影响老年人及其子女对社会养老服务的选择，且老年人对养老服务的消费行为存在理念上的固化；另一方面，正式的社会养老服务制度不够完善，体现为政策安排主要以理性及效率为导向，服务评价指标存在路径依赖下的行政化取向。与此同时，社会养老服务实践的"去家庭化"难以满足老年人及其子女对养老服务的期待，简单化的"餐饮＋家政"的服务供给模式与"类家庭情感"服务的缺失，致使社会养老服务发展中形成了正式制度与非正式制度间的不平衡。

社会养老服务制度的协调需立足于非正式制度，建立社会养老服务正式制度安排，并通过相关正式制度的完善推动非正式制度变迁，以正式制度和非正式制度演变的一致性推动制度结构的均衡。首先，建立嵌入价值认同与经验习惯的正式制度安排。调整养老服务政策规划的制定取向，实行去行政化的服务供给评价指标，进一步推进需求导向型的养老服务政策；重视老年人及其子女的感性意识及行为选择，将传统家庭养老的亲情属性融入社会养老服务的正式制度安排中，弱化"反馈模式"下老年人及其子女对社会养老服务的排斥；强调社会养老服务的日常生活化，社会养老服务应是老年人居家养老生活状态的延续而非替代，建设适老化的服务环境以满足老年人的真实需求。其次，完善正式制度推动非正式制度的变迁。建立社会提供养老服务的文化政策，重视提升老年人的生命质量，丰富传统养老文化的内涵；加强对服务实践价值理念的政策引导，提升服务组织的社会责任感，增强服务人员的职业认同。建立嵌入习俗传统等非正式制度的社会养老服务正式制度安排的同时，以合适的正式制度引导相关非正式制度的变迁。

正式与非正式制度的实然变迁与融合，还需建立相应的实施机制。以制度协调的服务供给激励机制，引导服务机构基于多元化感知类的养老服务，实践"类家庭情感"服务，通过建立针对服务类别的绩效与奖惩指标、优化老年人对社会养老服务的评价细则，推动服务机构提供实现正式制度与非正式制度相协调的养老服务，推进社会养老服务实践形式的深化。同时，构建社会养老服务制度协调的监管机制，以嵌入式的合作监管规范服务供给，在第三方评估中规范政府及社会组织的评估行为，并实行服务机构行业准入与退出的严格管控。通过制度协调机制的构建进一步保障社会养老服务正式制度与非正式制度间均衡的实现，规避和预防社会养老发展中的制度风险与制度偏差，以有效应对我国社会养老服务发展的供需失衡问题。

Abstract

Since the reform and opening up, the market has begun to dominate the flow of individuals. The needs and pressures of job hunting, nuclear family, and study and further studies have made it difficult for children to take care of their parents. The function of family care for the elderly is declining, and elderly care services from the society have gradually developed. At present, our country is in the rapid development stage of aging. With economic and social development and the deepening of the level of individual needs, the country's social expenditure and system construction focus has gradually shifted from economic security to individual welfare services, and the number of social pension service policies has increased significantly. However, despite the continuous advancement of the current social pension service policy that advocates diversification of supply entities, institutions and communities have always been unable to effectively undertake the increasingly externalized service demand for the elderly. The development of social pension services is facing the real dilemma of imbalance between supply and demand. This is specifically reflected in the abnormally high bed vacancy rate, unbalanced profit and loss, and low utilization rate of service facilities. In the practice of home-based community elderly care service policies, the governments and service organizations also find themselves in a dilemma: on the one hand, the government faces obstacles in guiding the elderly to form consumption habits for purchasing home-based community care services and in promoting the development of such service supply; on the other hand, home-based community elderly care service organizations have insufficient profit points other than government funding, and the space for independent survival and development is limited.

Regarding the current dilemma in the development of social elderly services, the theoretical circles have pointed out from the perspective of service supply that the difficulties of social elderly services are due to insufficient service supply, low quality and misplacement, or based on the demand point of view, pointed out the bottleneck of supply and demand imbalance lies in some elderly people have insufficient income sources, low total consumption and unreasonable structure. Continuously strengthen the supply-side reform of social elderly care services in policy practice, emphasize the full liberalization of the elderly care service market, and use the number of elderly care beds as an evaluation index for service construction; or provide economic subsidies to the elderly in the form of service vouchers from the demand side. Promote the long-term development of social elderly care services. At present, although the contradiction between supply and demand of elderly care services in home communities and institutions has eased, the fundamental situation of imbalance between supply and demand has not changed. At present, the demand for home care and institutional care for the elderly is on the rise, but the imbalance between supply and demand of institutional care still exists. In recent years, multi-dimensional statistics show that social elderly care services in our country still have problems such as high bed vacancy rates, unbalanced profit and loss, low service utilization, low satisfaction, and low willingness to consume, the imbalance between supply and demand has long existed.

This research starts with the research on the related literature and service practice of the development of social elderly services, and through the review of existing literature research and related policy documents, then use questionnaires, interviews and participation and observation methods to further analyze and discuss the development dilemma and the way out of social elderly services in C City of J Province While explaining the current situation and dilemmas of the development of social elderly services in our country, based on the state of practice of social elderly service policies in C City of J Province, the development history of institutions and home-community elderly services, and the actual dilemmas, carry out theoretical and practical analysis of the deep roots of the development dilemma of social elderly care services.

The fundamental cause of the development of social elderly care services lies in the imbalance between formal and informal institutional changes in the development process. From the perspective of the theory of institutional change, the dilemma of the imbalance between supply and demand for social elderly services is caused by the institution imbalance in the development process, although the changes of formal institutions are easy to achieve, the evolution of informal institutions is time-lag and more profoundly restricts individual behavior choices. The informal elderly service institutions derived from the custom is spontaneous and long-term. The time lag of its changes will weaken or distort the effective implementation of the formal institutions from the state, making the formal institutions "locked-in" an inefficient or even inefficient state, increasing the cost of formal institutional changes. On the one hand, the changes in the informal institutions are continuity, the cultural traditions and inertia of family care for the elderly have a profound impact on the choices of the elderly and their children in social elderly care services, and there is a conceptual lag in the consumption behavior of the elderly in elderly care services; on the other hand, the formal social elderly service institutions have shortcomings, which is reflected in that policy arrangements are mainly rational and efficiency-oriented, and service evaluation indicators have an administrative orientation under path dependence. At the same time, the "de-family" practice of social elderly care services is difficult to meet the expectations of the elderly and their offspring for elderly care services. An imbalance between formal institutions and informal institutions has formed in the development of elderly care services.

The coordination of the imbalance of social elderly service institution should be based on the informal institutions to establish the formal institutional arrangement of social elderly service, and promote the change of informal institutions through the improvement of relevant formal institutions, so as to promote the balance of institutional structure with the consistency of the evolution of formal institutions and informal institutions. First, establishing formal institutional arrangements embedded in value identification and experience habits. Adjust the orientation of formulating pension service policy plans, implement de-administrative service supply evaluation indicators, further promote demand-oriented pension service policies; attach importance to the perceptual awareness and behavioral choices of the elderly and their children, and integrate the affectionate attributes of traditional family care for the elderly into the formal institutional arrangements of social care services, weaken the exclusion of the elderly and their children from social services for the elderly under the "feedback model"; emphasizing the daily life of social elderly care services, social elderly care services should be the continuation of family life status for the elderly rather than a substitute, building an aging service environment to meet the real needs of the elderly. Second, perfecting the formal institutions promotes the changes of the informal institutions. Establish a cultural policy for the society to provide elderly care services, attach importance to improving the quality of life of the elderly, and enrich the connotation of traditional elderly care culture; strengthen the policy guidance of service practice values, enhance the social responsibility of service organizations, and enhance the professional identity of service personnel. While establishing formal institutional arrangements for social elderly care services embedded in informal institutions such as customs and traditions, appropriate formal institutions should guide the change of relevant informal institutions.

The actual changes and integration of formal and informal institutions require the establishment of corresponding implementation mechanisms. Use the institution-coordinated service supply incentive mechanism to guide service organizations to implement "family-like emotional" services based on diversified perception-based elderly care services, by establishing performance and rewards and punishment indicators for service categories, and optimizing the evaluation rules of the elderly for social elderly services, encourage service organizations to provide the provision of elderly care services that realize the coordination of formal and informal institutions, and promote the deepening of social elderly service practices. At the same time, build a supervision mechanism for the coordination of the social elderly service institution, with embedded cooperative supervision and regulation of service supply, the evaluation behavior of government and social organizations is regulated in third-party evaluation, and strict management and control of industry access and exit of service organizations are implemented. The establishment of a institution coordination mechanism further guarantees the realization of the balance between the formal and informal institutions of social elderly care services, avoids and prevents institutional risks and institutional deviations in the development of social elderly care, so as to surpass the imbalance between supply and demand in the development of social elderly services in our country.

第一章 ｜ 社会养老服务变迁　　　　　　　　　　　　　　　001

　　第一节　人口老龄化倒逼社会养老服务升级　　　　001

　　第二节　制度变迁视角下社会养老服务发展问题
　　　　　　分析的意义　　　　　　　　　　　　　005

　　第三节　研究思路与研究方法　　　　　　　　　　007

第二章 ｜ 社会养老服务与制度变迁理论的内涵　　　　　　015

　　第一节　社会养老服务相关概念界定　　　　　　　015

　　第二节　制度变迁与制度协调概念界定　　　　　　023

　　第三节　制度变迁理论　　　　　　　　　　　　　027

第三章 ｜ 社会养老服务发展与制度变迁问题研究的多维进展　034

　　第一节　国外文献研究梳理　　　　　　　　　　　034

　　第二节　国内文献研究梳理　　　　　　　　　　　042

　　第三节　对既有研究的评价　　　　　　　　　　　052

第四章 ｜ 社会养老服务发展的现状及问题　　　　　　　　056

　　第一节　中国社会养老服务发展现状　　　　　　　056

　　第二节　C市的社会养老服务的实践　　　　　　　068

　　第三节　C市的社会养老服务发展问题　　　　　　073

第五章 | 问题起源：正式制度与非正式制度变迁的不平衡　080

　　第一节　中国社会养老服务正式制度的演进　080

　　第二节　C市社会养老服务的发展历程　089

　　第三节　正式与非正式养老服务制度变迁的不均衡　097

第六章 | 社会养老服务发展的制度协调方式　120

　　第一节　立足非正式制度建立养老服务正式制度　120

　　第二节　完善正式制度促进非正式制度演化　139

第七章 | 社会养老服务发展制度协调的实施机制　152

　　第一节　实行制度协调的服务供给激励措施　152

　　第二节　建立制度协调的服务主体监管机制　164

第八章 | 结论与展望　169

　　第一节　主要结论　169

　　第二节　研究的创新和不足　172

　　第三节　未来展望　173

附　录 |　175

　　附录一　调查问卷　175

　　附录二　访谈提纲　187

　　附录三　受访者基本信息　194

参考文献 |　196

第一章

社会养老服务变迁

第一节　人口老龄化倒逼社会养老服务升级

截至 2023 年底，我国 65 岁及以上老年人口占比达 15.4%，较 10 年前增长了 5.7 个百分点[①]。"七普"家庭户规模比较数据显示，2020 年我国家庭户平均人口数仅为 2.62 人，与 2000 年每个家庭户平均 3.10 的人口数量相比较，已减少 0.48 人[②]。随着经济社会转型，家庭规模的小型化、结构的简单化以及形态的多元化，已成为这一基本保障性单位的必然变化趋势。与此同时，近年我国少子化趋向凸显，2022 年我国人口出生率仅为 6.77‰，人口自然增长率已为 -0.60‰，年末总人口数量较上年末减少了 85 万人[③]。这是我国人口自 1962 年以来首次出现的负增长。

而我国的人口结构变动同时伴随着社会转型与体制转轨，致使当

[①] 《国家数据》，国家统计局官网，https://data.stats.gov.cn/easyquery.htm？cn＝C01。

[②] 《咨询公开》，国家统计局官网，https://www.stats.gov.cn/hd/lyzx/zxgk/202402/t20240201_1947115.html。

[③] 《咨询公开》国家统计局官网，https://www.stats.gov.cn/hd/lyzx/zxgk/202402/t20240201_1947115.html；《国家数据》：国家统计局官网，https://data.stats.gov.cn/easyquery.htm？cn＝C01。

前养老服务体系在制度设计与服务实践方面均面临挑战。改革开放以来，伴随着社会主义市场经济的迅速发展以及单位制的消解，市场开始主导个体的流动，工作求职、核心家庭及学习深造等方面的需求与压力，致使子女难以担负起对父母的日常照护责任，家庭的养老功能日渐式微，而老年人的潜在照料服务需求与日俱增。2015年空巢老人占老年人总数的一半，独居老人占老年人总数的近10%①，2025年前我国高龄老年人口年均增长将达100万人（吴玉韶，2013），到2050年，65岁及以上老年人口将达3.8亿，占总人口的比例为近30%，60岁及以上老年人口将接近5亿，占总人口的比例超1/3②。由此可见，伴随老年人年龄的增长、生活自理能力不断下降以及空巢期的相应延长，社会结构变动所带来的老年人照料服务问题亟须社会养老服务的发展予以回应。

由此，来自社会的养老服务逐渐发展，养老服务的直接供给主体逐步由家庭支撑，转为政府、市场、社会与家庭的责任共担。1982年，中国老龄问题全国委员会成立，1983年印发《关于老龄工作情况与今后活动计划要点》，该计划首次提出开展社会养老服务的具体内容，包括建立老年人活动中心，开设老年人家庭病床、日间照料公寓，在公园等公共场所、街道等基层单位为老年人提供专门的活动场所与公共服务③。

1999年以来，我国开始步入老龄化社会，社会养老服务政策的数量明显增多。2006年，《关于加快发展养老服务业的意见》中首次提出了建立以居家养老为基础、社区服务为依托、机构养老为补充的服务体系④。

---

① 《2015家庭发展报告：空巢老人占老年人总数一半》，人民网，http://politics.people.com.cn/n/2015/0513/c70731-26995290.html。

② 《2050年中国60岁及以上老年人口或近5亿 老龄化挑战如何应对?》，经济观察，http://news.china.com.cn/2020-06/12/content_76157168.htm。

③ 《中国老龄问题全国委员会印发〈关于老龄工作情况与今后活动计划要点〉的通知》，110法律法规网，http://www.110.com/fagui/law_33420.html。

④ 《国务院办公厅转发全国老龄委办公室和发展改革委等部门关于加快发展养老服务业意见的通知》，中国政府网，https://www.gov.cn/xxgk/pub/govpublic/mrlm/200803/t20080328_32528.html。

2008年，党的十七大确立"老有所养"目标，党的十七届五中全会提出"优先发展社会养老服务"。在此背景下，国务院印发了《社会养老服务体系建设规划（2011—2015年）》，推动加快社会养老服务体系建设，明确要以社区日间照料中心和专业化养老机构为重点，在发挥市场资源配置基础性作用的同时，注重公办养老机构的保障性作用①。2016年，养老服务市场全面放开，推行养老服务领域的供给侧结构性改革。2019年民政部发布的《民政部关于进一步扩大养老服务供给 促进养老服务消费的实施意见》提出，要全方位优化养老服务有效供给②。2021年，国务院印发的《"十四五"国家老龄事业发展和养老服务体系规划》指出，要扩大普惠型养老服务覆盖面，充分调动社会力量参与提供普惠型养老服务，扩大服务供给并提高服务质量，提升服务主体的可持续发展能力。同时，强化居家社区养老服务能力，提高老年人生活服务的可及性③。

然而，尽管当前倡导供给主体多元化的社会养老服务政策不断推进，机构与社区却始终难以有效承接不断外化的老年服务需求，社会养老服务发展面临供需失衡的问题，主要表现为养老机构床位空置率高、盈亏不平衡、服务设施利用率低等。尤其是居家社区养老中日间照料中心床位利用率严重不足，在居家养老服务实践中，政府与服务机构也陷入两难境地：一方面，政府在引导老年人形成购买居家社区养老服务的消费习惯、推动居家社区养老服务供给发展时面临阻碍；另一方面，居家社区养老服务机构在政府资助以外的盈利点不足，自主生存与发展空间受限。

---

① 《国务院关于印发"十三五"国家老龄事业发展和养老体系建设规划的通知》，中国政府网，http://www.gov.cn/zhengce/content/2017-03/06/content_5173930.htm。
② 《民政部关于进一步扩大养老服务供给 促进养老服务消费的实施意见》，中国政府网，https://www.gov.cn/zhengce/zhengceku/2019-09/20/content_5456125.htm。
③ 《国务院关于印发"十四五"国家老龄事业发展和养老服务体系规划的通知》，中国政府网，https://www.gov.cn/zhengce/content/2022-02/21/content_5674844.htm。

　　对于社会养老服务发展当下所陷入的困局，理论界已从服务供给的角度，指出社会养老服务的困境源于服务供给的不足、低质与错位，或基于服务需求的角度指出供需失衡的原因在于部分老年人的收入来源不足、消费总量偏低且结构不合理。其实，还存在更为深层的原因。在制度变迁理论看来，社会养老服务面临的供需失衡问题是由其发展过程中制度结构的不平衡导致的，来自习俗的非正式养老服务制度具有自发性与长期性，其变迁的时滞性会削弱或扭曲来自国家的正式制度的有效实施，使正式制度被"锁定"在低效甚至是无效率状态，增加正式制度变迁的成本。

　　具体说来，就是尽管国家建立了社区与养老服务机构向老人提供养老服务的正式制度，但由家庭向老人提供情感关怀的非正式制度会对来自社会的养老服务产生排斥。因为社会养老服务无法内含家庭情感，而当前的社会养老服务基本上也未被提供者赋予"类家庭情感"。于是，来自社会的养老服务即便在形式上与来自家庭的服务相同，也难以实现来自家庭的服务的功能，无法满足老人的家庭情结与子女的孝亲情结，会遭到老人及其子女的排斥。

　　因而，社会养老服务发展当下所陷入的困局的根源，在于来自国家的正式的社会养老服务制度，与来自习俗的非正式的家庭养老服务制度之间的不平衡。只有重视我国延续千年以孝亲为基准的道德规范与人伦文化对个体选择的影响，重视制度变迁的渐进性与连续性对人们行为的规范及约束，对社会养老服务制度进行渐进性的重构，才能够摆脱社会养老服务发展的困境。于是，消解社会养老服务发展中所面临的正式制度与非正式制度之间的冲突，实现社会养老服务政策与传统价值理念、习惯之间的协调，以满足家庭无力承担的老年人多层次、个性化的服务需求，就成为当前我国社会养老服务顺利发展所面临和亟须解决的重要问题。正是在这一时代背景下，本书以制度变迁理论为视角，以制度变迁与制度协调为核心，分析我国社会养老服务发展的问题与出路，力求为中国特色养老服务体系的建设与发展提供有效的制度保障。

第二节　制度变迁视角下社会养老服务发展问题分析的意义

一　理论层面分析的意义

第一，基于制度变迁视角探析社会养老服务发展问题的根源，有利于拓展我国社会养老服务发展问题研究的理论空间。既有研究对我国社会养老服务发展的问题尚缺少制度层面的理论探讨，而我国社会养老服务的发展是一个制度变迁的过程。国内外对于制度变迁过程中制度的不平衡及协调方式进行了广泛的理论阐释与实践分析，提出了人类社会变迁的路径依赖及锁入效应、个体行为与外在结构间的复杂关联，因此，将我国社会养老服务的发展置于制度变迁的理论框架下，有助于进一步加深对其发展问题的理解。本书在制度变迁视角下提出社会养老服务发展问题的根源在于养老服务领域制度的不平衡，详细阐释了我国社会养老服务制度不平衡的形成，从深层次剖析社会养老服务发展困境的制度根源，拓展了我国社会养老服务发展研究的理论空间。

第二，从动态历史性的分析角度，扩充了当前社会养老服务发展研究的静态供需分析框架。对于社会养老服务发展问题的研究，研究者或从服务供给的角度，指出社会养老服务发展的困境源于服务供给的不足、低质与错位，或基于服务需求角度指出供需失衡的原因在于部分老年人的收入来源不足、消费总量偏低且结构不合理，相关研究为全面分析社会养老服务发展瓶颈、提出有针对性的社会养老服务发展路径起到重要的推动作用。但我国社会养老服务的发展同时交织着传统与现代观念、伦理与契约关系、家庭与个体责任等维度的变迁，对其现存问题仅从服务供求的逻辑进行分析，显然忽视了延续至今的人伦之孝的价值规范与行为习惯对个体选择的约束，脱离具体的社会情境而无法合理解析社会养老服务的发展问题。本书力求扩展我国社会养老服务发展研究的分析框架，以正式制度与非正式制度的动态历史性分析框架探究社会养老服务发展的问题与出路。

第三，以制度变迁及其协调为切入点，有利于深化我国社会养老服务发展出路与机制构建的理论研究。现有社会养老服务发展出路的相关研究从服务的供需角度、政府及市场多元主体服务方式上提出了较为全面的发展对策，这为我国社会养老服务的完善发展提供了重要的政策依据与实践基础，但相关研究对政策建立与发展路径的提出大多停留于社会养老服务实践的基础阶段，难以从根本上缓解当前我国社会养老服务发展面临的问题。本书在阐释我国社会养老服务制度发展不平衡的基础上，以制度变迁及其协调为分析框架，立足于社会养老服务发展的现实基础，提出社会养老服务发展制度协调的具体途径及实施机制，深化了我国社会养老服务发展路径的理论研究。

二 现实层面的实践价值

第一，有利于推动构建养老保障体系，满足老年人的服务需求。目前我国正处于老龄化的高速发展阶段，而我国的人口结构变动同时伴随着社会转型与体制转轨，致使养老保障体系的发展面临严峻挑战。当前我国社会养老服务发展面临供需失衡的现实困境，难以满足老年人日益增长的服务需求。本书基于多维统计数据从量化的社会事实出发阐释当前社会养老服务发展的问题，在此基础上对问题的根源进行逻辑分析与理论思考，同时基于历史的纵向及国家间的横向比较，分析目前我国社会养老服务面临的问题，有利于推动构建中国特色的养老保障体系，满足老年群体不断增长的多元化养老服务需求。

第二，本书从制度层面阐释如何推进社会养老服务，有利于提升养老服务政策的有效性。在制度变迁理论看来，社会养老服务所面临的问题是由其发展过程中制度内部结构的不平衡导致的，非正式制度变迁的时滞性会削弱或扭曲正式制度的有效实施，使正式制度被"锁定"在低效甚至是无效率状态，增加正式制度变迁的成本。本书对新中国成立以来各阶段社会养老服务政策及服务发展状况进行了详尽的梳理和总结分析，立足具体服务实践与制度变迁理论视角，深入解析当前我国社会养老服务发展问题产生的根源，提出社会养老服务发展中制度协调的具体方式与实施机制。本书从制度层面出发为政府解决养老服务问题的决策提供政策参考，有利于促进制度内部结构的协同变迁，以进一步提升养老服务政策的有效性。

第三，有利于完善养老服务发展机制，推动社会养老服务实践发展。当前社会养老服务实践存在种类单一、家庭情感缺失等问题。服务供给者在经济利益导向下大多会降低服务质量、简化服务种类以降低服务成本，片面强调老年人的助餐及家政服务需求，缺乏可供老年人选择的满足其亲情需求的社会养老服务，与老年人及其子女的现实需求脱节。本书通过深度访谈了解作为服务对象的老年人及其子女的潜在情感信念及对社会养老服务的态度与选择，具体把握老年人的生命历程与所处社会背景的变迁，以充分了解和分析其真实的服务需求，并立足制度变迁及其协调的分析框架，基于我国制度基础提出社会养老服务发展制度协调的具体实践途径，依据服务主体的实践状况建构社会养老服务制度协调的发展机制。本书以制度变迁及其协调为切入点，进一步完善养老服务发展机制，保障并深化我国社会养老服务实践的发展。

第三节　研究思路与研究方法

一　研究思路

如图 1-1 所示，本书从社会养老服务发展相关文献资料与服务实践调研入手，通过对既有文献研究、相关政策文件查阅梳理，并基于现有统计资料分析我国社会养老服务发展面临的现实问题，继而采用问卷、访谈及参与观察法对社会养老服务发展问题及其出路展开进一步剖析与探讨。具体说来，本书以 J 省 C 市社会养老服务发展的政策实践为例，基于 C 市的居家社区、机构养老服务的实践探析其发展的现实问题，展开制度变迁视角下社会养老服务发展分析，将制度变迁与制度协调的分析框架应用于其发展问题及出路的具体分析中，阐释了当前社会养老服务发展面临的问题在制度层面的根源。本书对既有研究中社会养老服务发展问题静态的供需分析框架进行扩充，提出我国社会养老服务发展问题产生的根源是在动态的制度变迁过程中，制度结构中相关正式制度与非正式制度的不平衡。立足于 J 省 C 市社会养老服务政策实践的具体发展历程与现实状况，本书对社会养老服务发展中的

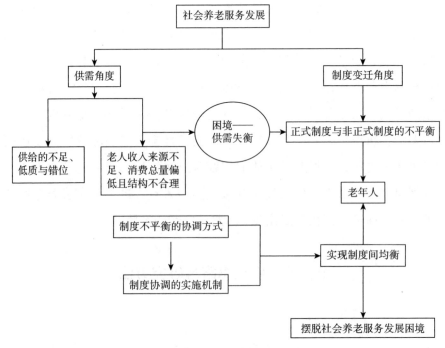

图 1-1 研究框架

制度不平衡进行理论与实践解析，在此基础上探讨社会养老服务发展制度协调的具体方式及其实施机制的建构，以期通过推动制度变迁过程中正式制度与非正式制度的协调演进，消解正式制度与非正式制度间的冲突，实现制度结构的均衡，从而有效应对我国社会养老服务发展的现实问题。

二 分析方式

本书采用案例研究法对社会养老服务发展的问题及出路进行分析。案例研究法包括研究设计、资料收集技术以及具体的资料分析方法。在研究范围上，案例研究是一种实证研究，深入研究现实生活环境中正在发生的现象，且待研究的现象与其所处情境之间的界限并不十分明显；在研究特点上，案例研究方法需要通过多渠道收集资料，并把所有资料汇合在一起进行分析（Yin，2013）。本书以 J 省 C 市为案例，展开社会养老服务的政策实践及发展问题研究，在此基础上分析社会养老服务发展制度不平衡形成的原因，并据此提出社会养老服务发展制度协调的方式与实施机制。

截至 2021 年底，J 省 C 市总人口为 851.63 万，其中 60 岁及以上老年人口达 200.50 万，占全市人口总数的 23.54%，老年人口数量较上一年增加了 11.50 万，老龄化程度提高 2.69 个百分点。65 岁及以上老年人口达 143.31 万，占全市人口的 16.83%[①]，深度老龄化且加速发展的态势与全国老龄化程度相一致。同时，C 市位于东北地区的中心地带，其老工业基础所形成的特殊的经济环境、传统养老观念根基下的复杂代际关系，以及人口外流所带来的家庭结构变动等方面的因素，致使其养老服务发展所面临的问题尤为严峻。因此，C 市社会养老服务发展历程及当前居家社区、机构养老的服务实践状态具有典型性。

---

① 《政府信息公开》，长春市人民政府网，http://zwgk.changchun.gov.cn/zcbm/swjw_3974/wjwxgkml/202208/t20220822_3055167.html。

三　研究方法

(一) 文献法

文献法主要指用科学的方法收集与研究有关的各种文献资料，以便对研究对象进行深入的、历史的、多层次、多方面的考察和分析（范伟达，2001）。一般而言，社会研究大多基于知识或理论的文献资料，从而开展其他的研究方法，如问卷法、访谈法、观察法等。相较于其他研究方法，文献法能够跨越时空限制：既可以对历史进行纵向分析，又能够基于资料进行不同地区或国家间的横向比较。特别是在信息化社会当中，文献的载体由雕版、纸张等扩展为网页、电子设备等非纸质形式，并通过文字、符号、音频及视频等方式在更广阔的时空内进行信息的传递，提升了研究者对文献资料获取的效率。同时，文献法是一种间接研究方法，具有非介入性，有利于研究者客观分析社会历史现象而免受调查者与调查对象在互动中产生的主观干扰。

科学发展历程表明，科学的发展是人类对文献不断继承与丰富的过程，任何科研成果的取得都需要建立在前人相关研究的基础之上。文献的查阅、梳理及分析是开展有效研究、设计其他研究方法的基础或前提，能够帮助研究者确立或修正研究问题、厘清变量间关联、建立理论结构及研究框架等。本书通过对社会养老服务、老年社会工作发展等相关的政策文件、国内外图书期刊、网络资源等进行查阅与梳理，并采用文献法中的现有统计资料分析法对相关文献进行归纳与分析，继而选择问卷法、访谈法、参与观察法对社会养老服务发展所面临的问题及其出路展开进一步的剖析与探讨。

现有统计资料分析法，是指利用统计文献，包括现有官方或准官方统计资料来从事相关社会科学研究（张彦、刘长喜、吴淑凤，2019）。对社会养老服务发展制度变迁及其协调的研究，涉及社会养老服务相关政策规划及其推行，这就需要以全国及各地区社会养老服务发展的相关数据作为客观的事实依据，在多渠道汇集既有官方或准官方统计资料的基础上，通过比较分析验证数据的准确性，继而从量化的社会事实出发阐释当前社会养老服务发展所面临的现实问题，在此基础上对问题的根源进行逻辑分析与理论思考，提出社会养老服务发展制度协调的理论逻辑与现实路径。本书所收集和采用的现有统计资料包括：全国范围内的国家统计局普查数据、2006 年及 2010 年中国城乡老年人口状况追踪调查数据、2014 年中国老年社会追踪调查（CLASS2014）、2015 年中国综合社会调查（CGSS2015）、2015 年中国城乡老年人生活状况抽样调查数据、2015 年《中国养老机构发展研究报告》、2020 年中国健康与养老追踪调查（CHARLS）、2021 年中国综合社会调查（CGSS2021），等等；区域性统计资料包括山东省、甘肃省等地社会养老服务发展状况，以及作为本书研究区域——J 省 C 市，2016 年、2018 年所开展的老年人口抽样调查数据，等等。

与此同时，本书查阅了国内外社会养老服务发展的相关图书、期刊，通过中国法律法规检索系统以"养老服务"为关键词对新中国成立以来的中央规范性文件进行检索，并对新中国成立以来各阶段的政策及服务发展状况进行了详尽的梳理和总结分析，以此深入解析当前我国社会养老服务发展问题的根源，并从制度变迁理论视角出发提出社会养老服务发展的现实路径与机制建构。

（二）问卷调查法

问卷调查法是通过使用统一设计的用于测量人们行为、态度及特征的问卷，由被调查者填答以获取现实情况的一种社会研究方法。问卷调查的主要目的在于使社会调查更加规范化、程序化、科学化（张彦、刘长喜、吴淑凤，2019）。由于问卷编制的统一性，其能够适用于大规模的社会调查，并对不同类别的人群进行对比分析；在填写问卷的过程中，匿名填写能够减少被访者的顾虑，有助于获取调查对象的真实信息；同时，作为一种结构化的调查方式，问卷调查对问题

的表达形式、提问的顺序、选项的配置等都是固定的，因而问卷调
查法不受调查者主观态度及偏见的影响；从调查结果看，问卷调查
法能够将研究的问题转化为可量化的形式，从而对社会现象进行定
量分析。

本书采用问卷调查法，借助研究者参与的 2019 年 C 市 E 区政府购
买居家社区养老服务评估项目、2020~2021 年 C 市老年健康服务体系建
设研究项目，对 J 省 C 市不同发展程度的社区中的老人及其子女进行抽
样调查，并对接受社会养老服务的老年人进行问卷回访。调研共选取 C
市 7 个市辖区中 30 个不同发展程度的社区，对 C 市老年人及其子女进
行抽样调查。剔除问卷用时过少、前后逻辑存在问题的样本，共回收社
区老年人有效答卷 507 份，有效回收率 98.6%，社区老人的子女有效答
卷 505 份，有效回收率 98.0%。同时，在政府购买养老服务项目中，对
C 市 E 区 6 个社区中接受社会养老服务的老人进行问卷回访，以一年期
内服务对象的人数为基准，去除同户两位老人、无联络方式、老人逝世
等情况，共回收答卷 2621 份，其中 2481 位老人表示实际接受过社会养
老服务。基于多维度调查问卷的设计与调研对象的选取，本书所采用的
问卷调查数据能够有效反映 C 市社会养老服务的供需实际情况与政策
实践中所存在的问题。

在具体的问卷设计与调查分析方面，本书详细了解了 J 省 C 市老年
群体所接受的社会服务种类、社会服务需求、服务满意度、养老意愿、
对服务的消费意愿等，并从老年人的子女角度进一步了解其为老年人
提供的老年照护支持、子女对老年人接受社会养老服务的态度与认知
等。以量化的形式分析老年人及其子女对居家社区养老服务、机构养老
服务的态度、认知及服务需求等，为深入剖析社会养老服务发展问题并
为老年人提供具有针对性的社会服务提供现实基础。

（三）半结构式访谈法

访谈法是研究者有目的地与调查对象以直接交谈的形式获取社会

信息的方法，是社会研究中广泛应用且行之有效的一种研究方法。访谈法对社会现象的认识具有广泛性，能够通过交流或追问对历史及现时的社会现象、潜在观念、动机与外显的行为选择等拥有深入的了解，从而发现社会现象间的因果联系与其内在本质。研究者通过与被访者一对一的交谈，增加了实证资料的可靠性，基于被访者的态度言行判断其对问题回答的准确性与完整度，对重要问题进行引导和追问，有利于实现资料搜集的真实可靠性。同时访谈法具有灵活性，可根据不同情境因地制宜地围绕研究主题开展有针对性的调查活动，分为无结构访谈、半结构式访谈和结构式访谈。

访谈法需要以恰当的形式选取具有代表性的访问对象，以开展全面且高效的社会调查。实际上，从结构式到无结构式，问卷法和访谈法各执一端，并都可以在实际运用中依需要通过半结构式向对方靠拢（张彦、刘长喜、吴淑凤，2019）。因而本书采用半结构式访谈法，拟定问题的提纲，同时采取灵活的访谈形式，选取 J 省 C 市社会养老服务主体，包括不同发展程度社区的工作者 11 人、各类型养老机构管理及服务人员 9 人、老年社会工作者 4 人，以及作为服务对象的 20 位老年人及 10 位老人的子女分别进行访谈，进而全面深入了解 C 市居家社区、机构养老服务的发展情况。同时，由于本书涉及作为服务对象的老年人及其子女的潜在情感、信念及对社会养老服务的态度、选择等，故需要通过深度的访谈来揭示服务对象隐蔽的、潜在的情感反应，并具体把握老年人的生命历程与所处社会背景的变迁。在既有研究基于统计数据从静态的供需框架分析我国社会养老服务发展问题及其产生根源的基础上，本书对研究分析方法进行了扩充，即以动态历史性的视角剖析我国社会养老服务的发展问题，通过访谈法为深化社会养老服务实践与制度协调途径的建构提供广泛且深层次的现实依据。

（四）参与式观察法

科学研究中的观察法，是指研究者凭借视觉及其延伸，有目的、有意识、有计划地了解观察对象，以获得科学事实的一种认识方法（张彦、刘长喜、吴淑凤，2019）。分为自然观察和实验观察两种，自然观察是指在自然发生的条件下对研究对象进行观察，即保持研究对象的日常状态，不对其加以控制或干预；实验观察则需对观察的情境与条件做严格的控制，通过对研究对象进行观察，从而得出实验结果。从自然观察到实验观察，是人类迈入科学时代的重要标志之一，对于自然科学而言更是如此。但社会现象是人有目的活动的结果，相比之下，自然观察的适用性更强，因此在社会调查中大多从自然观察的意义上去理解观察法。自然观察方式分为无结构观察和有结构观察两种，无结构观察又可分为非参与式观察与参与式观察（张彦、刘长喜、吴淑凤，2019），无结构观察是指观察的范围与步骤具有一定的弹性，且没有固定统一的观察内容和表格，内容和形式皆可依实际情况随时调整的方法。参与式观察是指观察者直接参与到研究对象的活动中的调查方法，无结构参与式观察是人类学最常用的田野调查方法，并在发展过程中为其他学科所广泛使用。

采用参与式观察法开展研究，通常不是要验证某种理论或假设，而是要为社会现象的发生过程提供直接且详细的资料，从而对研究问题形成深入的认识和理解。参与式观察不同于强调具有广泛代表性的统计调查，而是与个案调查相联系，开展深入细致的研究，对于探索性研究有较强的适用性。本书通过深入"解剖麻雀"描述"点"的情况，从而整体反映"面"的情况，即"一叶落而知秋"。研究者基于 J 省 C 市社会工作参与社会养老服务的项目实践，以名义参与者即观察者的身份参与到观察对象的活动中来，进行全面深入的内部观察。在参与过程中直观地了解当前 J 省 C 市社会养老服务相关政策规划执行的真实情况与现实条件，详细地把握社会养老服务实践中存在的问题、各服务主体的互动关系与功能作用等。参与式观察法能够通过与研究对象的直接接触，获取生动而具体的原始资料。

| 第二章 |

社会养老服务与制度变迁理论的内涵

第一节　社会养老服务相关概念界定

一　社会养老服务

随着家庭养老日渐式微，社会养老服务政策推行及相关研究不断深入，其内涵与外延也逐渐宽泛，目前学界尚未形成具有共识性的社会养老服务概念的界定。在政策规划中，2006 年发布的《关于加快发展养老服务业的意见》提出建立以居家养老为基础、社区服务为依托、机构养老为补充的服务体系①。2011 年国务院办公厅印发的《社会养老服务体系建设规划（2011—2015 年）》进一步明确了社会养老服务体系的内涵和定位：社会养老服务体系是面向所有老年人，提供生活照料、康复护理、精神慰藉、紧急救援和社会参与等设施、组织、人才和技术要素形成的网络，以及配套的服务标准、运行机制和监管制度。其建设应以居家为基础、社区为依托、机构为支撑，着眼于老年人的实际需求，优先保障孤老优抚对象及低收入的高龄、独居、失能等困难老年

---

① 《国务院办公厅转发全国老龄委办公室和发展改革委等部门关于加快发展养老服务业意见的通知》，中国政府网，http://www.gov.cn/zhengce/content/2008-03-28/content_6372.htm。

人的服务需求，兼顾全体老年人改善和提高养老服务条件的要求①。

在理论界，学者们从不同角度对社会养老服务的主体、目标、属性、内容及服务方式进行了阐释。从服务主体上看，社会养老服务与传统的家庭养老方式不同，是指所有公民在老年期免费或有偿享有的一种来自社会力量而非家庭成员的养老服务（杜鹏、王永梅，2017），具体而言，包括政府、社会组织、企业、志愿者等服务主体（林闽钢，2014）。社会养老服务的核心就在于由家庭成员以外的"社会性"主体提供服务，即"社会化"的服务（马岚，2019）。王永梅（2018）从社会养老服务分类上看，从居住方式的角度将社会养老服务分为机构养老服务和居家养老服务。经过多年的发展，居家养老和机构养老已成为当前我国老年人两种主要的社会养老服务方式（徐隽倬等，2019）；从服务的属性角度划分，社会养老服务分为基本养老服务（福利性养老服务）、非营利性养老服务以及营利性养老服务（林闽钢，2014）。钟慧澜（2017）基于社会养老服务的属性将其概括为一种具有非排他性、部分的竞争性及外部效益的准公共物品。

从社会养老服务的外延性概念界定上看，徐倩、周沛（2016）认为养老服务是与养老现金给付相对的概念，即与养老保险属并列而非包含的关系，养老服务与养老保险作为两大支柱性制度共同构成了养老保障体系。而在具体服务项目及内容划分上，学者们依各自的研究目的与视角持有不同观点。张娜（2015）提出，社会养老服务项目由过去单一的保吃、保住，扩展为以老年人需要为基础的，包括日常生活照料、康复护理、精神慰藉、文化娱乐等在内的各类服务。盛见（2019）在对社会养老服务有效需求不足问题的分析中，提出社会养老服务不包含政府兜底性的公共养老服务，而是由社会力量所提供的，供需双方通过市场机

---

① 《国务院办公厅关于印发社会养老服务体系建设规划（2011—2015 年）的通知》，中国政府网，https://www.gov.cn/zwgk/2011-12-27/content_2030503.htm。

制实现的一种市场化服务。杜鹏、王永梅（2017）在老年人社会养老服务利用影响因素的研究中，对社会养老服务概念的界定未包含医疗卫生服务，原因在于医疗卫生服务从未由家庭承担过，同时医疗卫生服务与只在老年期存在需求的社会养老服务的利用规律不尽相同。

社会养老服务的目标，主要是保障和提升老年人的基本生活、生理健康、精神文化生活（董红亚，2010）；帮助老年群体提升晚年生活质量、安度晚年（林闽钢，2014）；实现老年人多层次需求的社会化满足（孙宏伟、孙睿，2013）。卢德平（2014）认为，家庭养老模式与居家社区养老模式、机构养老模式之间具有内在的关联性，社会养老模式的发展应体现老年人日常生活的连续性，即将养老视为一种生活方式，需注重服务的日常性，而非将家庭与社会养老区别对待。社会养老服务的发展应逐步从仅仅满足老年人的基本生存质量需求，转向积极提升老年人的生活质量和生命质量。

基于政策文本及文献查阅，本书将社会养老服务界定为老年人享有的来自社会力量而非家庭成员提供的养老服务，以维持老年人的日常生活状态，包括居家社区养老服务与机构养老服务两种。具体内容涵盖日常照料、康复保健、文体娱乐等满足老年人多层次需求的社会服务。

二 机构养老服务

我国古代时就存在由政府主办的养老服务机构，主要为特殊困难老年群体提供照顾服务。梁武帝时期设立官办的"孤独园"，收养无人照料的老人和孤儿，这是我国历史上第一所由政府设立的养老机构。到了唐代，官方养老院的规模进一步扩大，在机构养老的制度建立期，唐代设立了"养病坊"，主要收养贫、病、孤、疾者（穆光宗、王玉坤，2023）。北宋时期设立的"居养院"发展更为成熟，在收养程序上，收养前要通过州县的查验核实（郭文佳，2006）。南宋则沿用北宋的传统，坚持采用集中收养的方式恤养鳏寡孤独。元代是机构养老的法律建立期，以法律形式确认收养标准，使收养行为有法可依，通过对在"养济院"制度的落实过程中官员的徇私舞弊行为进行惩罚性规定，从而规范官员的行为。明代以收养鳏寡孤独为主的"养济院"更具普及性，明太祖朱元璋诏令天下郡县设置"养济院"。到了清代，"养济院"的规范性进一步提升，在收养数额、发放口粮等方面形成了更明确的规定（穆光宗、王玉坤，2023）。

由此可见，我国历史上就有由国家为老年人提供机构养老服务的制度传统，且主要是为贫困、无人赡养的老年人提供救济的机构养老服务，此种由国家为老年人尤其是特殊困难老年群体提供保障的制度延续至今。新中国成立之初，我国主要实行以家庭作为福利传导载体的养老服务机制，辅之以民政部主导的救济型社会养老服务。20世纪50年代末，城市"三无"老年人的养老问题日益凸显，国家开始建立福利院，推动社会养老服务发展。在农村，则针对"五保"老人提供制度性供养，吸纳五保户进入敬老院或委托抚养人照料老年人的晚年生活。总体而言，这一时期社会救济与社会福利概念相等同，统称为救济福利事业，机构养老服务的需求及覆盖面相对有限。

直至20世纪70年代末，民政部明确了为老服务要求，福利服务的对象由特殊困难群体逐渐转为全体社会成员。改革开放以来，社会福利与社会救济的概念逐渐相区分，机构养老服务的对象不再局限于特殊困难老人，转而面向全社会的老年群体。1999年我国开始步入老龄化社会，社会结构变动下养老服务问题引起政界的重视与关注，21世纪初期养老服务政策数量明显增多。2006年，《关于加快发展养老服务业的意见》提出要建立以机构养老为补充的服务体系[①]。在推行多层次养老服务体系的过程中，上海在其"十一五"规划中率先提出了

---

① 《国务院办公厅转发全国老龄委办公室和发展改革委等部门关于加快发展养老服务业意见的通知》，百度文库，https://wenku.baidu.com/view/eb6cec1d10a6f524ccbf8589.html。

"9073"养老模式（朱晓云、舒娜，2024），我国养老机构的数量呈现增长趋势。

关于机构养老服务的概念尚未形成统一界定，李京芳（2012）指出其定义多是对机构养老概念的引申，主要指在机构养老的养老方式下，由养老机构为居住在其中的老年人所提供的养老服务，具有全方位、全天候与专业化的服务特点。而关于机构养老的定义，高岩、李玲（2011）认为机构养老是指依靠国家、亲人资助或老年人自助的方式，将老年人集中在专门的养老机构并为其提供综合性服务的养老模式。马志锰（2018）进一步提出，机构养老是以社会机构为养老地，依靠国家资助、亲人资助或老年人自备的形式获得经济来源，由专门的养老机构，如福利院、养老院、托老所等，统一为老年人提供有偿或无偿的生活照料与精神慰藉，以保障老年人安度晚年的养老方式。纪昊一等（2015）在研究中提出我国养老机构主要包括：政府投资兴办的社会福利院、养老院、敬老院，以及近些年发展趋势较快的合资或个人投资的养老机构，如托老所、老年公寓、老年护理院、临终关怀医院等。姜春、刘辉（2023）在关于机构养老服务质量的研究中提出，机构养老的概念不应仅包含社交活动、基本日常生活服务，还需涵盖长者数量、资金、服务人员（医生、护士、其他卫生专业人员）、可用服务（康复、临终关怀）等要素。

在机构养老服务属性上，谭兵（2018）认为，机构养老服务属于公共服务范畴，具有社会公益属性，政府应坚持其主导性原则并担负保底职责，同时推进市场开放，鼓励社会力量成为市场主体。在机构养老服务的目标上，宗晓丽、肖江波（2021）提出，主要满足有需求的长者在生活照料、医疗保健、康复护理、精神慰藉等方面的需要，进而提升老年人的生活质量。

结合机构养老服务的发展历程与具体实践，本书将机构养老服务定义为以养老机构为载体，由专业人员进行组织、运营和管理，通过有偿或无偿的方式满足老年人多层次需求的社会养老服务。

三 居家社区养老服务

居家社区养老服务最早起源于 20 世纪 50 年代英国"社区照顾"（community care）社会服务模式。19 世纪，欧洲各国相继建立起为老人、孤儿、精神病患者等弱势群体提供集中照顾的服务机构，而在这一过程中，机构服务的弊端逐渐凸显。其主要表现为机构化使老年人形成依赖，丧失自我或自立意识（丁建定，2013）；政府免费服务的供给使被照顾者滋生福利依赖情绪，失去适应社会的意愿与能力（赵晓芳，2017）；断绝与外界联系，隔离式管理造成受照顾弱势群体社会性的缺失（王向南，2018），隔离式的治疗方式伦理上非人道且治疗效果有限；老龄化程度的加深加重了机构养老给政府财政带来的负担。由此，社会服务开始倡导"去机构化""反院舍化"，社区照顾模式成为福利国家社会服务变革的主要理念与发展趋势。

社区照顾服务主要包括两种形式，即"社区内照顾"（care in the community）和"由社区照顾"（care by the community），前者强调源于社区内设置的小型养老机构的照顾，主要指提供照顾的地理社区，为避免私立养老机构不合理的照顾服务，由政府出资在社区内建立小型服务机构，并由专业人员提供照料服务；后者指老年人居住在家中，对其照顾由最初的政府及专业化的正式照顾（陈社英，2017）逐步演变为由家人、邻里、志愿者及社区服务人员等正式与非正式网络共同提供的照料服务（曹飞廉、王洁，2018）。社区照顾的主要内容包括行动照顾、物质支援、心理支持和整体关怀四个层面（王向南，2018），其发展方向是由"在社区照顾"向"由社区照顾"转变。

在我国，居家社区养老服务的发展源自市场化改革以来，国家福利保障机制与家庭福利再分配功能逐渐削弱，社会福利服务向社区化方向发展。1989 年民政部提出，开展社区服务是社会福利工作改革发展的方向①。2001 年，民政部在全国广泛推行的"社区老年福利服务星光计划"的实施方案中提出要建设立足社区、面向老人，小型分散、形成网络的老年福利服务设施和活动场所②。2005 年，民政部等九部门联合下发的《关于进一步做好新形势下社区志愿服务工作的意见》指出，随着"单位人"成为"社会人"，退休人员进入社区，要充分发挥各界社会力量开展社区志愿服务工作。③ 2008 年，全国老龄委办公室等部门将"居家养老服务"定义为由政府和社会力量依托社区，为居家的老年人提供生活照料、家政服务、康复护理和精神慰藉等方面服务的一种服务形式④。《社会养老服务体系建设规划（2011—2015 年）》中指出，社会养老服务体系建设应以居家为基础、社区为依托，指出"社区养老服务"是居家养老服务的重要支撑，具有社区日间照料和居家养老支持两类功能，主要面向家庭日间暂时无人或者无力照护的社区老年人提供服务。2017 年国务院印发的《"十三五"国家老龄事业发展和养老体系建设规划》中进一步指出健全养老服务体系，要夯实"居家社区养老服务"基础⑤。

由此可见，居家社区养老服务的概念随政策的演变而不断调整。以往政策规划中主要将居家养老和社区养老划分为两类独立存在的社会养老服务形式，但在实践维度，两类服务形式的运行并不存在清晰的界限。一方面，在老年人居住空间的界定上，社区养老与居家养老都强调

---

① 《全国城市社区服务工作经验交流会议纪要》，110 法律法规网，https://www.110.com/fagui/law_96620.html。

② 《民政部"社区老年福利服务星光计划"实施方案》，110 法律法规网，http://www.110.com/fagui/law_94939.html。

③ 《民政部等关于进一步做好新形势下社区志愿服务工作的意见》，110 法律法规网，http://www.110.com/fagui/law_66243.html。

④ 《关于全面推进居家养老服务工作的意见》，国务院新闻办公室官网，http://www.scio.gov.cn/xwfb/gwyxwbgsxwfbh/wqfbh_2284/2012n_11450/2012n09y20r/xgzc_11539/202207/t20220715_174739.html。

⑤ 《国务院关于印发"十三五"国家老龄事业发展和养老体系建设规划的通知》，中国政府网，https://www.gov.cn/zhengce/content/2017-03/06/content_5173930.htm。

为居住在家中的老年人提供多层次的服务；另一方面，在具体的服务实践中，两种服务方式都注重依托社区平台同时结合社会力量提供照护服务。而从近年来发布的政策规划上看，更趋向于使用"居家社区养老服务"这一概念，以此将二者的服务功能相融合。

然而，理论界对于居家社区养老服务的概念尚未形成统一认识，部分学者将其称为居家养老服务、社区养老服务或社区居家养老服务，并从不同角度展开界定。顾静（2014）认为居家养老服务形式包括两种：一是由经过专业培训的服务人员上门为老年人开展照料服务；二是在社区创办老年人日间服务中心，为老年人提供日托服务。果婷（2018）在其研究中认为社区养老是家庭与机构养老的结合，是指老人在家中或者生活的社区中，在政府以及其他社会力量的支持与资助下，由社区为老人提供其所需的物质与精神服务。童星（2015）则认为，将社区养老视为与居家养老、机构养老并列的第三种养老模式，是一种认识上的误区。原因在于从老人居住方式上划分，养老只有居家养老和机构照料两种方式。同时，他指出社会化养老服务的落脚点只能是社区，即以上门服务和社区日托为主要形式，并引入养老机构的专业化服务，可将其称为"社区居家养老"。

在对居家社区养老服务概念的使用上，具有代表性的是王震（2018）通过政策文本及文献的梳理，将居家社区养老服务的内涵进行概括：既包括离开家庭但在社区内获得的养老服务，如社区日间照料中心提供的服务，也包括社区作为服务平台为居家养老的老年人提供的服务，与集中居住的机构化养老服务相区别。张思锋、张恒源（2024）进一步提出，居家社区养老服务是在公共部门的主导下，由入驻社区的机构为居家老年人提供的上门或集中服务。

结合国内外居家社区养老服务的起源及发展趋势，并与我国传统家庭养老向社会养老服务过渡时期的价值理念、传统习惯相契合，着重体现老年人意愿的居住空间，本书将居家社区养老服务理解为：向居住在家中的老年人提供依托社区、结合政府与社会力量而形成的专业且多元化的社会养老服务，基于居家社区养老服务的实践发展，将其形式概括为在社区内的服务活动与老人居家的社区支持服务两种。

第二节　制度变迁与制度协调概念界定

一　制度变迁

新制度经济学修正了新古典经济学的理性假设，对制度的概念界定具有广泛性。其代表人物道格拉斯·C. 诺思提出制度是人为设计的、形塑人们互动关系的所有约束，既包括政治规则、经济规则等的正式制度，也包括常规、习俗、传统、惯例、道德及伦理等的非正式制度，主体自觉的行动源于正式制度、非正式制度及其实施机制的共同作用（North，1990）。

诺思提出，制度变迁"通常由对构成制度框架的规则、规范和实施的复杂结构的边际调整所组成"，其原因在于正式与非正式制度之间存在复杂的互动，二者与其实施方式共同形塑我们的日常生活，成为制度稳定性与持存的根源（North，1990）。对此，郁建兴、黄亮（2017）认为，归纳起来，制度变迁可以理解为制度破旧立新的过程。

诺思在对不同经济体绩效的比较研究中发现，同样的法律和市场制度加诸不同的国家与社会中，其功能作用却具有差异性。他认为即使在最发达的经济中，正式制度也仅是形塑个体选择的约束中很小的一部分，在现实社会生活中非正式制度的存在更为普遍，且更加深刻地影响个体行为的选择。因此，其研究指出制度的变迁是渐进且连续的，一方面，构成稳定选择理论基础的，是包含正式制度与非正式制度及各种实施在内的综合因素，个体对规则变化的反应是一个极其复杂和缓慢的过程；另一方面，在相对价格、正式的经济及政治规则发生改变时，文化特征的持续性使得非正式制度的变迁与正式制度的变迁并不同步，尽管正式制度能够在一夕间变迁，但同样作为制度构成要素的非正式制度却保持着强劲的生存韧性，因为它们仍解决了参与者之间的基本交换问题。由此，非正式制度与新的正式制度间便会产生一种持续的紧张关系，而仅用新的正式制度取代长期驻留的非正式制度，忽略了构成非正式制度之基础的文化的传承因素。换言之，从文化中衍生出的非正式制度不会立即对正式制度的变化做出反应，已变更的正式制度与持存的非正式制度之间便产生了制度内部结构的不平衡。

关于制度变迁产生的正式制度与非正式制度间的不平衡，郑石桥等（2011）在对政府审计处罚过程问题的研究中将其理解为一种偏差，当正式制度被认为与组织内部次级群体成员的利益与偏好不一致时，会产生非正式制度与正式制度的偏差。吴时辉、徐佳（2008）在对国有企业改革制度变迁的研究中指出，制度的不平衡是制度系统内部对同一行为的规范存在矛盾和抵触的部分，在制度变迁过程中正式制度与非正式制度演进的差异导致制度不平衡的产生。任大鹏、李蔚（2018）在对食品标签制度的研究中提出，正式制度对非正式制度具有排斥性，正式制度的实施挤压了非正式制度的实践空间。黄智君（2019）在关于集体林权改革研究中将其理解为正式制度与非正式制度间的冲突，正式制度的设计与实践场域内的非正式制度间存在偏差和冲突，两种制度在性质上存在根本差异，在事实上也存在碰撞与冲突，而一切制度冲突都体现在人的行为及个体间的相互关系中。

除正式制度与非正式制度间的偏差及影响作用外，学术界对制度变迁结果的分析，还包含正式制度内部及非正式制度内部的不平衡。刘银喜、任梅（2004）认为，制度本身以及不同制度之间存在的问题，主要表现为制度供给不足、制度供给过剩及制度供给的失序，制度的不平衡指不同制度之间的冲突与不协调。刘少杰（2007）在关于社会矛盾的制度协调研究中提出，改革开放以来中国推行的大规模的制度改革不仅引发了复杂的新旧制度间的矛盾，同时产生了很多新制度之间的矛盾，继而表现为空前复杂的社会矛盾。其中基于市场经济而建立起的新的经济与社会制度与以计划经济为基础的旧制度之间，存在着正式制度间的矛盾；新的经济制度、社会制度与中国几千年来历史积淀形成的行为、感觉、思维方式等旧制度之间，具有大量难以辨识和化解的正式制度与非正式制度间的不均衡。钟健生、徐忠麟（2018）在关于生态文明的制度变迁的研究中提出，对生态文明制度不平衡的分析应立足于正式制度，既剖析法律规范、软法规范等正式制度的内部与相互间的制度矛盾，又解析正式制度与习俗规范、文化规范等非正式制度间不平衡的表现。郑石桥等（2011）则认为制度变迁中的制度不平衡存在三种情形：正式制度与非正式制度之间的不均衡、正式制度内部的冲突以及非正式制度内部的失衡。

关于制度变迁过程中制度的不平衡所产生的后果，李志强（2002）认为对同一行为既认可又限制的不同制度间的不平衡，将导致社会成员无所适从甚至行为紊乱，导致制度系统难以发挥其应有的行为规范与信息传递的作用功能。郑石桥等（2011）认为，当正式制度与非正式制度间的不平衡产生时，虽然组织仍会继续维持形式上的正式制度规范，但组织的实际行动却将在正式制度与非正式制度的相互作用中发生改变。制度的不平衡会削弱正式制度的有效实施，导致正式制度的形式化，而社会成员将以非正式制度作为真正的行为指引（John and Brian，2011）。正式制度与非正式制度间的不平衡产生了人类社会变迁中的路径依赖和"锁入"效应，致使正式制度被"锁定"在低效甚至是无效率的状态，增加了正式制度变迁的成本（North，1990）。

综上，针对不同的研究问题，学者们对制度变迁的内涵及其结果具有不同的理解。本书结合国内外文献梳理，基于我国社会养老服务的历史发展及现实问题，将制度变迁理解为构成制度框架的规则、规范和实施的复杂结构的边际调整的过程，由于制度结构中正式与非正式制度的变迁方式具有差异性，于是产生了制度变迁中两种制度间的不均衡。

二　制度协调

根据《现代汉语词典》，"协调"一词是指配合得适当（中国社会科学院语言研究所词典编辑室，2016）。制度协调的概念通常与制度变迁中的不均衡相对应，学界对此尚未形成统一认识。诺思认为随着时间的推移，在两个方向上的正式制度与非正式制度都将被重构，继而在渐进性的制度变迁中产生出新的均衡（North，1990）。李文祥（2007）指出制度协调包括同一场域正式制度内部的协调以及正式制度与非正式制度间的协调，制度协调的目的在于确定制度系统的最优结构，提升制度系统的有序性并发挥其功能。制度协调的标志是"制度耦合"，即各项制度能够围绕系统目标与制度功能有机组合，形成制度系统的最优配置，实现个人与社会目标的统一、利益的双赢。姬超、颜玮（2013）认为制度通常以制度丛的形式存在并共同作用于行为人的选择，因此制度的变迁是制度丛协同演化的结果，最终的均衡是制度丛形成稳定的结构，进而促进行为人社会交往秩序的形成。

朱海就（2014）将制度协调定义为"制度之间"而非"制度内部"的协调，提出制度协调的状态是形成一种有机的秩序，此种秩序是否具有开放性、稳定性及灵活性是判断制度协调性的标准。制度协调的实现过程在于人的行为，制度协调是个体"计划——行动"的结果。完全的制度协调是一种理想化的状态，在现实中制度总是处于不协调的状态中。田钒平（2013）指出，制度通过建立人们互动行为的稳定结构来减少不确定性，那么消解既有规则之间的冲突，使之成为有机联系的制度系统，则是减少不确定性的关键。黄智君（2019）指出制度关系的有效协调，能够保证制度的一致性，解决政策执行中的矛盾与问题。正式制度与非正式制度的绩效和冲突，是政府与基层个体行动的动力，推动制度的调适从而产生制度的均衡。

而鉴于本书的具体研究情况，本书的制度协调是指制度变迁过程中正式制度与非正式制度演变的一致性，是通过消解正式制度与非正式制度间的冲突实现制度间的均衡。

第三节　制度变迁理论

新制度经济学派是 20 世纪以来经济学的重要发展领域，作为其核心理论之一的制度变迁理论，对分析转型期我国社会养老服务发展的问题与出路具有深层次的解释力。

一　制度变迁理论的分析框架

制度变迁理论来自新制度经济学派，其代表人物是美国新经济史学家诺思，诺思提出在一国的经济增长与社会发展领域中，制度具有决定性的作用。对于制度经济学派的广泛关注，与 20 世纪 80 年代末各国相继进行体制的变革密切相关。计划经济向市场经济转制过程中所出现的现实问题需要经济学界予以解释回应。俄罗斯实行了萨克斯为其设计的"休克疗法"，给其经济带来的严重后果引起学界对制度转型问题的进一步关注。制度经济学派对此具有较强的解释力，重视新古典经济学所忽视的制度因素对经济发展的重要影响，强调经济发展过程中动态的历史演进性。与此同时，随着时代的发展，社会出现新的特征，人际关系产生了新的社会特点。对此，制度经济学派认为个人首先是"社会人"和"组织人"，而不是"经济人"，人作为一种社会存在，除经济利益外还追求安全、情感、社会地位等社会性需要，其行为特征根植于特有的社会文化环境；强调应从个体的现实存在及其与环境的关系、制度结构及相应的文化历史中探析人的经济行为。

制度经济学的发展划分为旧制度经济学与新制度经济学，相比之下，新制度经济学立足于新古典经济学并引入制度要素修正了新古典经济学的缺陷，同时形成了自身的理论体系。制度变迁理论是新制度经济学的核心理论之一，其代表人物是诺贝尔经济学奖获得者诺思。在有关人类社会发展历史的研究中，诺思提出人类都来自原始狩猎和采集部落，按照新古典经济学的理论，不同经济在长时间的商品、劳务和生产要素交易中，会逐渐趋于一致。而事实上，世界在过去几千年中演化为在文化、政治、经济等方面迥然不同的社会。那么，不同社会的发展差异是如何形成的？不同社会绩效差异加剧的原因何在？诺思在新古典经济学理论基础上引入了制度变量，认为不同社会经济绩效的差异在根本上源于制度的演化方式，并提出了制度变迁的分析框架，重新审视了包含经济学在内的社会科学，对历史变迁做出一种新的理论诠释。自20世纪50年代以来，诺思发表了大量的学术论文与著作，逐渐形成了其新经济史理论和大视角的制度变迁理论。

诺思将制度（institutions）理解为人为设计的、形塑人们互动关系的约束，包含正式制度、非正式制度及二者的实施特征（enforcement characteristics），并进一步指出，制度变迁（institutional change）决定了历史中的社会演化方式，是理解历史变迁的关键。基于对人类社会制度问题的认识，诺思展开了对制度分析方法基础性问题的讨论，包括人类合作、制度分析中人的行为假定以及交易费用等问题。制度变迁理论的分析框架修正了新古典经济学对人类行为的假定，认为个体的行为远比蕴含于新古典经济学范式内部的个人效用的"理性最大化"复杂得多：一是在行为动机上，人们不仅有财富最大化行为，还有利他主义和自我约束行为，而这些不同的动机将改变个体实际选择的社会结果；二是对环境的辨识，人们通过某些先存的心智构念（preexisting mental constructs）处理信息、辨识环境，因此这些先存的心智构念对制度的形成、维系和变迁具有重要影响。而人类在社会互动过程中由于对他人行为信息的掌握并不完全，导致个体在社会选择中处理、利用信息时均存在心智能力上的局限，加之环境的复杂性，在此基础上形成的制度框架通过结构化（structuring）人们的互动，限制了行为人选择的集合。人类社会变迁中不同的制度便由此而形成，同时也产生了人类社会变迁中的路径依赖（path dependence）和锁入（lock-in）效应等。而对于市场交换和社会交往中信息的不完全问题，按照科斯的交易费用理论，制度在降低人类互动的成本方面至关重要。诺思的制度变迁理论建立在其对人类行为的假定和交易费用理论的基础上，进而分析为何会存在不同的制度，以及这些制度在社会运行中发挥了何种作用。

二 制度内部结构与稳定性变迁

诺思在《制度、制度变迁与经济绩效》（*Institutions, Institutional Change and Economic Performance*）一书中从制度的基本构成要素——正式约束与非正式约束的内涵与影响、来源与演进、相互间的作用等方面阐释了制度变迁的稳定性与连续性。在制度构成要素的内涵上，诺思指出正式约束包括政治（和司法）规则、经济规则和契约等，即不同层次的规则；非正式约束则包括常规（routines）、习俗（customs）、传统（traditions）、惯例（conventions）、道德及伦理等。从原始社会到现代社会，人们为自身设定多种约束，以此为自己与他人的联系提供结构，并降低人与人之间互动的成本。随着较复杂的社会专业化与劳动分工程度的加深，包括正式法律系统、委托代理关系的正式结构、契约等在内的正式约束依时代需求不断演进与发展。从不同约束的影响上看，通常认为西方国家的经济与生活秩序源自其正式的法律与产权制度。而实际上，即使在最发达的经济当中，正式规则虽然重要但仅仅是形塑个体选择的约束中很小的一部分，在现实社会生活中非正式约束的存在更为普遍：支配结构的绝大部分是由行事准则、行为规范以及惯例来界定的，可以说，正式约束虽是非正式约束的基础，但在日常的互动中，它们却极少是形成选择的明确而直接的来源（North，1990）。

　　相比之下，非正式约束对社会结构及个体行为更具影响性，体现为同样的正式规则加诸不同的社会，却往往形成不同的结果；在规则完全改变的情况下，原有社会中的文化、社会特征等仍将存续。即使在诸如战争、武装入侵等不连续的变迁过后，许多非正式约束依然具有顽强的生命力。由此，诺思提出制度的变迁具有稳定性和连续性，而非正式约束则是长期制度变迁的连续性的重要来源。那么，非正式约束又从何而来？诺思认为其来自社会传递的信息以及文化的传承，社会传递的信息经行为人的主观感知而影响其选择，文化则由教育和模仿而传递，并以其根深蒂固的特质及变迁的渐进性深刻影响人们的价值与行为。值得注意的是，从文化中衍生出的非正式约束不会立即对正式约束的变化做出反应，而已发生改变的正式约束与持存的非正式约束冲突所产生的后果，对理解经济社会变迁的方式具有重要影响。

　　在此基础上，诺思基于制度构成要素间的互动关系阐释了制度变迁的内容与路径。诺思指出，理解制度及制度变迁之困境（dilemma）的关键，就在于人们能认识到其行为的约束是由长期演化而形成的，正式规则的变迁需要惯例等非正式约束的相应调整。同时，对于社会秩序过渡或转型问题的探析，关键还在于理解制度变迁机制的动力源于何处。在关于制度变迁动力的分析上，诺思在其后期的研究中越来越重视人们的信念（beliefs）、认知（cognition）、心智构念（mental constructs）和意向性（intentionality）在人类社会制度变迁中的作用。在《理解经济变迁过程》一书中，诺思认为从选择到决策，是行为人在追求政治、经济和社会目标的过程中对不确定性的感知中做出的，经济变迁很大程度上是行为人对自身行动结果的感知所形塑的刻意过程（a deliberate process）。制度变迁的关键在于促动参与者的意向性以及他们对问题的理解，人们所持的信念决定了其选择，而这些选择反过来又构造（structure）了人类处境（human landscape）的变化。基于此，诺思进一步指出，对个人信念与社会背景内在关联的深入探析，将演绎出用于解释经济变迁的文化与社会制度间的关联机制。其原因在于，信念体系与制度框架之间存在密切联系：信念体系体现了人类处境的内在表诠（internal representation），制度则是人类施加在所处环境之上以达至合意结果的结构。换言之，信念体系是内在表诠，制度则是此种内在表诠的外在显现（manifestation）。

三　制度变迁理论对问题分析的适切性

制度变迁理论对新古典经济学人的行为假定进行修正，包括行为动机及对环境的辨识，而在社会互动中人们对他人行为信息的掌握并不完全，导致个体在社会选择中处理和利用信息时存在心智能力上的局限，加之环境的复杂性，在此基础上形成的制度框架通过结构化人们的互动，限制了行为人选择的集合，人类社会变迁中不同的制度便由此而形成，同时也产生了人类社会变迁中的路径依赖和锁入效应等。而制度的构成要素变迁方式又决定了制度变迁的连续性与稳定性，个体对规则的变化和反应是一个极其复杂的过程。从制度变迁理论的发展上看，除作为结构的社会制度外，信念、认知与意向性等逐步成为其关注的重点。

在制度变迁理论框架下，社会养老服务的发展是一个制度变迁的过程，其面临的现实问题源于相关正式制度与非正式制度的互动。社会养老服务相关制度既包括养老服务政策安排、经济规则等一系列的正式制度，也包括伦理价值、行为规范、文化观念与习惯等非正式制度。社会养老服务规章政策等作为正式制度，其变迁虽易于实现，但持存于儒家文化、亲伦道德中的传统家庭养老价值规范等非正式制度却依然具有顽强的生存韧性，约束老年人及其子女对社会养老服务的选择。不仅如此，制度变迁理论的分析框架对新古典经济学人类行为的假定进行了修正，指出人们不仅有财富最大化行为，还有利他主义和自我约束行为，这些将改变个体实际选择的社会结果。显然，新制度经济学关于人类行为动机的阐释与我国延续千年的家庭代际抚育赡养的行为模式相契合。

　　具体而言，养老服务领域正式制度安排虽不断演进，但非正式制度的形成与变迁却具有长期性与延续性。在我国传统文化中，始终贯穿着"靠儿养老"的伦理思想以及"养老送终"的行为规范，将养护照顾老人视为子女不可推卸的责任与义务，并在正式制度上通过法律强制执行，不履行这一义务则会受到伦理道德和法律制度的惩戒。封建社会统治者在意识形态上不断推崇伦理纲常，赋予老年群体政治地位和特殊权利以构建巩固统治的政治伦理秩序。养亲、敬亲、送亲构成人伦之孝的基本框架，作为一种正式规则的延伸，内化为处理代际关系的规范与准则延续至今。

　　而更为深层的逻辑是，家庭内部代际抚育赡养双向互动的传统影响着个体的行为选择。刻意的政策安排难以改变非正式约束的重要原因之一是此种非正式约束仍能解决家庭成员间亲情式的基本交换问题。在家庭核心化、中国式个体化进程中，社会成员对家庭提供养老服务的意向性仍未发生改变，家庭作为社会生活的最基本单位在代际的抚育、赡养上发挥重要作用，形成并延续双向互惠的代际交换模式。即使部分老年人在社会结构变迁与其子女分居的现实背景下能够逐渐接受机构或居家的社会养老服务，接纳外人为其提供照顾护理，子女仍会将形式上的照护父母视为应尽的孝道。同时，作为一种社会规范与自我施加的行为准则，家庭伦理重心由年长一代转移到年轻一代，下行式家庭主义盛行，非正式约束使"反馈模式"深植于中国社会中。

　　于是，新的正式制度与非正式制度之间便产生了持续的紧张关系，人们在选择养老服务时受非正式制度的影响，而降低了正式制度变迁的绩效，出现了社会养老服务供求的现实问题。2014年中国老年社会追踪调查（CLASS2014）数据显示，对于问题"您在什么情况下会去养老院"，72.0%的老年人选择了"无论如何都不会去养老院"[①]。2015

[①] 《2014年中国老年社会追踪调查（CLASS）报告》，豆丁网，https://www.docin.com/p-2153331020.html。

年中国综合社会调查（CGSS2015）数据表明，49.4%的被访者认为有子女的老人养老应"主要由子女负责"[①]。而随着正式制度的不断演进，2021年中国综合社会调查（CGSS2021）数据进一步显示，有55.0%的被访者认为有子女的老人养老应"主要由子女负责"[②]。综上所述，对于我国社会养老服务发展问题的分析及路径探讨研究中，制度变迁视角与本书中的服务实践相契合，在深化我国养老服务实践与机制建构的同时，为我国社会养老服务的发展拓展了理论研究的空间。

[①] 《中国综合社会调查（2015）》，中国学术调查数据资料库，http://www.cnsda.org/index.php? r=projects/view&id=62072446。

[②] 《中国综合社会调查（2021）》，中国学术调查数据资料库，http://www.cnsda.org/index.php? r=projects/view&id=65635422。

第三章

社会养老服务发展与制度变迁问题研究的多维进展

第一节 国外文献研究梳理

一 社会养老服务发展研究

发达国家社会养老服务发展早于我国，逐步形成了多主体责任共担的社会养老服务制度体系，开展了多元化的社会养老服务实践。国外社会养老服务发展研究主要集中于英国、瑞典、日本等国家。

20世纪50年代，英国最早建立了社区照顾（community care）社会服务模式。福利国家英国在社会服务方面将选择型服务与普惠型服务相结合，以英国国民健康服务制度（NHS）和英国个人社会服务制度（PSS）作为社会服务支撑体系为老年人提供养老服务，并在强调公民权利、人文关怀及福利多元主义的福利改革推动下逐步从"在社区照顾"走向"由社区照顾"。

Bowman（2019）在对英国医疗入院部门的观察研究中发现，大多数患者都是高龄群体，他们通常很难从住院治疗中获益，而为了防止在出现紧急情况时老人无法得到及时的救治，或者由于社区中的照顾者无法依据情况判定老人需要入院接受治疗还是由社区提供护理，这些高龄老人被送至护理院。Bowman 等（2001）指出不必要的护理院入住并非新现象，但 NHS 始终未针对这一问题采取相应的计划和措施。Bowman 和 Meyer（2014）指出由于医疗的复杂性、老人依赖性的不断增强加之从治疗中获益有限，入住护理院的老人难以适应已建立起来的社会照顾或紧急治疗模式。同时，护理院入住老人数量的增长也会给 NHS 带来压力。研究表明，采取系统性的积极干预措施对于入住护理院的老人的照料是有益的，能够使住院治疗的人数降低 50%（Kane et al.，2003）。Bowman（2019）进一步提出老年护理的发展需在简单化的医疗与照顾相结合的基础上，对专业护士的角色进行重新定位，专业护士应该发展为对个体 CGA 提供医疗支持与个案管理的专业化责任主体，专业的护理能力是促进护理可持续发展、提升老年照护效果并减少医疗浪费的关键。

20 世纪 80 年代以来，伴随老龄化程度的加深及社会结构的变动，发达国家在不同福利体制之下各自开展了多主体的社会养老服务供给改革。其中尤其以瑞典为典型，作为倡导社会民主主义的国家，以公民权利为基础由国家提供普惠型社会养老福利，瑞典的社会养老服务也由此成为学界关注的重点。

Trydegård（2000）指出，瑞典社会养老服务体系覆盖所有公民，无论个人的收入、保险等情况如何，都有权利享有国家提供的全面的医疗与社会服务。瑞典的社会养老服务体系较为正规化，原因在于服务主要由公共部门监管并提供资金支持，且大部分养老服务由公共部门直接提供。在瑞典，国家被视为养老服务供给责任的主要承担者，而非家庭或者市场。Lagergren（2002）指出 20 世纪 60 年代，瑞典是世界上最早建立广泛公共服务体系为弱势老年群体提供照护服务的国家之一。这一公共服务体系遵循北欧的福利模式，旨在为老年人提供医疗保健和社会服务，使老年人能够独立生活。

自 20 世纪 70 年代以来，在石油危机与老龄化程度加深的影响下，社会养老服务的供给由政府单一主体逐步转向多主体的合作供给。2004年，《瑞典公共采购法》（*Public Procurement Act*）明确规定，地方政府允许非政府部门通过竞争招标的方式提供社会养老服务。1995～2005年，社会服务领域的民营企业数量增长了五倍，但同时也出现了利润驱使下的服务不规范问题。为防止社会养老服务市场供给的低质与垄断现象，2009 年，《瑞典公共部门选择制度法》（*The Act on System of Choice in the Public Sector*）规定地方政府引入"消费者选择模型"，即老年人可在政府选定的服务组织中，自主选择为自己养老服务的组织机构。

对此，Stolt 和 Winblad（2008）指出，瑞典公共服务私营化改革最显著的领域之一是老年服务领域。1990 年，民营企业提供的养老服务仅占 1%，到 2008 年增长至 14%。相比而言，企业及非政府组织提供的服务更具个性化与灵活性，契合老年群体多元服务需求。Ragnar 等（2011）指出，瑞典养老服务的私营化主要采取服务合同外包的形式，由民营企业负责养老服务的直接供给，但服务的筹资与监管仍然是政府的责任。

Lagergren 等（2004）基于人口、照料及社会服务数据对瑞典老年照护问题进行纵向研究，提出尽管不断增长的人均预期寿命是社会进步的体现，但国家与社会未能对弱势老年群体的照料予以充分的理解与准确的评估。同时，受人口结构发展与经济条件制约的影响，资源的优化使用变得越来越重要，以此确保有需要的老年人能够以恰当的方式获得相应的照料。对此，瑞典展开了全国老龄及照料问题研究（The Swedish National study on Aging and Care，SNAC）。该课题涉及四个研发中心，在国家和地方政府、研究委员会及高校的支持下，研发中心对瑞典四个不同地区的相关数据进行收集，旨在建立可靠的、可比较的纵向数据库，为老龄问题研究与老年服务供给提供有效的信息基础。这些数据库将为研究人员及临床医师提供重要的信息支持，以解决临床、科学及公共卫生等方面的研究问题。此外，该研究的照料服务部分旨在开发一种简单的监控系统，应用于瑞典所有自治市的日常管理中。瑞典开展此项研究具有多方面的优势：首先，个人注册号码能够便于将个体在不同时期、不同来源渠道的相关信息整合起来；其次，已经建立的老年人照料护理的公共服务体系有助于记录关于养老服务的使用、服务需求的重要影响因素等数据。

Christine（2017）在关于瑞士红十字会（SRC）提供的居家养老服务支持的研究中指出，瑞士红十字会通过支持东欧及独联体建立地方合作伙伴关系发展养老服务，使老人在家中有尊严地安度晚年。SRC与当地合作伙伴达成协议，致力于提升老年人综合医疗-社会型家庭护理服务，提出在优质低价的服务供给基础上，对于有服务需求的老年人，需要帮助其实现"助人自助"。在许多后苏联国家中，卫生部与社会部间缺乏协作，且由于养老金不足、交通不便及个体流动性偏低等问题的存在，老年人对健康照料社会服务的获取面临挑战。在政策层面上，SRC促进卫生及社会护理政策制定者间的协作，并推动与咨询委员会或工作组的交流；在实践层面上，SRC连接医务与社会照料人员，开展"护士主导型"（a model of nurse-led care）老年人照护实践。

日本是东亚地区最早建立社会保障制度的国家，其福利国家制度建立于社会保险制度基础之上，是具有普惠性质的选择性福利服务。目前，日本已形成了较为完备的社会养老服务制度体系，以立法作为老年人权利的保障，以居家社区及机构作为服务资源支撑，通过长期护理保险制度为公民提供照护服务。由此，日本长期护理服务的发展也成为学界关注的重点之一。

Anderson 等（2018）指出，从日本老年人接受正式的居家养老服务的数据比例上能够明显发现，旨在为老年人提供护理照料及福利援助的社会养老服务并不充分，且这一比例低于 1995 年其他的工业化国家。Campbell 和 Ikegami（2000）认为这可能是日本传统文化信仰所导致的，即将照料老人视为下一代的责任和义务。然而，由于核心家庭的增加，年轻一代提供的老年照料甚至早在 1982 年世界老龄问题大会之前就开始消解了。于是，在对于国家养老需求的全国性讨论后，日本于 2000 年开始实施长期护理（LTC）保险制度。目前，日本的长期护理保险能够提供 24 小时的照护服务，且护理人员都是经过专业培训的持证工作者。自长期护理保险制度实施以来，护理服务的受益人数已增长了 2.1 倍。然而，日本的老龄化程度进一步加深，与 2000 年相比生产年龄人口几乎减少了一半。长期护理保险由 50% 的税收及 50% 的保险费作为资金支撑，每位 40 岁及以上的纳税人都有义务依据其医疗保险缴费率支付长期护理保险费，由生产年龄人口的减少导致的财政资源短缺的问题引起人们的关注。

Sudo 等（2018）指出，从长期护理保险的发展历程上看，日本的长期护理保险制度已经经历了范式的转换，且需要进一步的反思与完善。日本于 1997 年开展长期护理服务，起初提供福利服务而不包含医疗卫生服务。20 世纪 80~90 年代，由于老年人出院后缺少护理人员的照护且服务设施的建设不够充分，日本医院的许多床位被残疾老年人长期占用，即社会型住院（social hospitalization），其住院费用由医疗保险支付。尽管日本是世界上人均预期寿命最高的国家，但随着人口出生率的不断下降及老年人数量的持续增长，国家的医疗卫生支出一直在不断增加，致使日本政府正努力寻求能够确保老年健康护理政策有效实施的资金支持。

为此，日本政府正寻求建立一个新的护理结构——"基于社区的综合护理系统"（The Community-based Integrated Care System，CbICS）。这一概念源自 2012 年为修订长期护理保险制度而推出的全面的社会保障与税收改革，CbICS 从五个方面全面保障护理服务的供给：医疗保健、护理照料、疾病预防、住房及生计支持。建立 CbICS 主要是为居住在熟悉的社区中的老年人提供全面支持与服务，直至其生命的终结，以维护老年人的尊严并支持其独立生活。从本质上讲，CbICS包括两个维度：以社区医疗保健需求为基础和驱动的社区照料（Plochg and Klazinga，2002），通过医疗保健专业人员间的协同合作减少医疗服务碎片化供给的综合性医疗服务（Plochg et al.，2017）。CbICS关注社区的服务功能以及临床护理和福利服务间的协调与整合（Sudo et al.，2018）。

在社会养老服务供给主体上，日本各级政府在社会养老服务中引入市场竞争机制，以定向委托或公开招标的形式鼓励民间资本参与服务供给，并在这一过程中赋予老年人自主选择的权利。在社会养老服务的供给主体中，中央政府始终负责政策的整体规划、资金筹集、监督协调及为特殊困难老年群体提供兜底救助式的照护服务，地方政府主要负责制订各地具体的服务计划，并组织开展各服务项目。在社会养老服务市场化的初始阶段，政府以资金投入及政策扶持的方式推动民间资本的进入，并逐步形成社会养老服务市场的规范及标准化建设，继而通过长期护理保险制度推动服务机构之间的竞争，实现社会养老服务的去行政化和社会化，提升社会养老服务供给的效率及质量。目前，日本已形成由中央政府、地方政府、社会力量及公民个人共同参与、责任分担的多元社会养老服务体系。

二 制度变迁与协调研究

国外关于制度变迁与制度协调的研究主要针对不同国家的经济绩效、政策调整等问题进行制度层面的分析，并形成了制度变迁及协调的理论分析框架。

诺思在不同经济体发展的比较中形成其关于制度变迁及协调方式的系统阐释，思考为何同样的法律和市场制度应用于不同的国家与社会中，其功能及作用具有较大的差异性。对此，诺思指出即使在最发达的经济当中，正式规则虽然重要但也仅是形塑个体选择的约束中很小的一部分，在现实社会生活中非正式约束的存在更为普遍：支配结构的绝大部分是由行事准则（code of conduct）、行为规范（norms of behavior）以及惯例（conventions）来界定的，可以说，正式约束虽是非正式约束的基础，但在日常的互动中，它们却极少是形成选择的明确而直接的来源。从文化中衍生出的非正式约束不会立即对正式约束的变化做出反应，而已发生改变的正式约束与持续存在的非正式约束间将产生制度结构的不平衡。

究其原因，正式约束与非正式约束之间的复杂互动，与实施方式一起，形塑我们的日常生活，指引着我们生活中的大部分现世（mundane）活动。而面对相对价格、正式规则和政治状态的变化，文化特征的持续性使得非正式约束的变迁与正式规则的变迁并不同步，导致正式规则的变迁过程中出现一种非均衡的状态。原因在于构成稳定选择理论基础的，是包含正式约束与非正式约束及各种实施机制在内的综合因素，个体对规则变化的反应是一个极其复杂和缓慢的适应过程。由此，非正式约束与新的正式规则间便会产生一种持续的紧张关系，非正式约束将逐渐演化为原有的正式规则的延伸，而仅用新的正式规则取代长期驻留的非正式约束，忽略了构成非正式约束之基础的文化的传承。尽管正式规则能够在一夕间变迁，但同样作为制度构成要素的非正式约束却保持着强劲的生存韧性，因为它们仍能解决参与者之间的基本交换问题，即使这样会降低正式规则的效率。

而制度结构中正式制度与非正式制度不平衡的更深层次的逻辑在于人类的行为选择。一是在行为动机上，人们不仅有财富最大化行为，还有利他主义和自我约束行为，而这些不同的动机将改变个体实际选择的社会结果；二是对环境的辨识，人们通过某些先存的心智构念（preexisting mental constructs）处理信息、辨识环境，因此这些先存的心智构念对制度的形成、维系和变迁具有重要影响。然而，人类在社会互动过程中由于对他人行为信息的掌握并不完全，导致个体在社会选择中处理、利用信息时均存在心智能力上的局限，加之环境的复杂性，在此基础上形成的制度框架系统化地形塑了社会成员的互动模式，限制了行为人选择的集合。人类社会变迁中不同的制度便由此而形成，同时也产生了人类社会变迁中的路径依赖（path dependence）和锁入（lock-in）效应等。

在制度的协调方式上，诺思认为随着时间的推移，正式制度与非正式制度都将被重构，继而在渐进性的变迁中产生新的制度均衡。具体而言，正式制度能够强化非正式制度的有效性，也可能修改、修正或替代非正式制度；非正式制度存在于对正式制度的延伸、阐释和修正中，是在参与者重复互动（交换）的背景下演化而成的，为解决特定的交换问题从正式规则中延伸出相应的非正式约束，将逐渐演变成一种公认的制度。

Witt（2006）在对日本资本主义变化的社会协调与制度调整研究中认为，政治经济学中的社会协调是这一变化产生的关键，且社会协调的过程更可能建立起完整的制度结构。社会协调的程度成为决定制度调整进程的重要因素，包括制度调整的社会水平、制度创新的扩散机制、产出的统一性、制度调整的风险以及制度调整的速度。他提出，正式制度变迁的深层动力还源于微观层面的自发的、非政治的、无意的行动，微观层面非政治的自主行动能够诱发系统的正式制度变迁。通过对日本制度调整的探讨，Witt 指出制度调整的速度相对较慢，这可能是社会协调水平高而微观层面行动在制度调整中动力水平相对较低的结果。

Daugbjerg 和 Swinbank（2012）在对新型农业与食品政策的研究中指出，在发展中国家，过去强调以牺牲农业部门为代价发展工业的政策已经被取代，农业与发展越来越多地联系在一起。如国际援助组织重新重视发展中国家的农业政策，旨在通过提高农业生产力和产量来应对贫困和饥饿问题，实现联合国千年发展目标之一——到 2015 年将饥饿人口的比例减半。然而，在许多国家，粮食作物的产量却一直在下降，在撒哈拉以南非洲地区，随着人口的增长速度持续超过农业生产力的增长速度,这一问题变得愈发紧迫。但价值冲突经常出现在西方捐助者与受援助国家之间,西方捐助者倾向于认同市场导向型的发展进程,而受援政府则主张农业发展应由政府进行支持和干预。这导致农业政策议题范围的扩大,农业政策问题与其他政策领域如食品安全、能源供应、环境保护、发展援助等相关联,并涉及新的参与者,他们会倡导与先前的农业政策导向相冲突或不易调和的价值观念。其原因主要在于其他领域政策设计的价值理念与农业政策有所不同,因此,需要寻求不同政策制定中价值理念之间平衡的方式。政策制定者若未能实现价值观念的平衡,某一类价值观盛行,其结果是价值的冲突将阻碍政策的有效实施,导致政策推行的不稳定状态。一般而言,价值的矛盾冲突能够通过制度设计或特殊的制度安排予以解决。从长远来看,这些制度安排可能会破坏它们所建立起的平衡状态。研究进一步指出,政策的变革可能远没有理论中描述得那么急剧,因为它是在制度间协调的过程中逐渐产生的,而并非在对核心政策进行根本性改革的过程中实现的,制度间的协调将核心政策部门与新的政策领域相连接。

第二节　国内文献研究梳理

一　社会养老服务发展问题及出路研究

当前,尽管我国倡导多元主体与多元服务的社会养老服务政策不断推进,但社会养老服务发展始终面临诸多现实问题。对此,学界分别从居家社区养老服务领域、机构养老服务领域以及社会养老服务整体领域展开了广泛的探讨研究。

在居家社区养老服务发展领域,童星(2015)指出目前普遍存在服务供给单一且供需失衡、供给主体间缺乏有效互动、服务人员综合素质偏低等问题,其根源在于我国社区发展的体制、机制及法制的不完备，关键原因是在我国的行政体制与市场逻辑之下，社区的自治性及其能够掌控的资源十分有限。居家社区养老服务要突破社区的狭小空间，实现真正意义上的发展，就需要走"互联网+居家社区养老服务"的道路：政府制定信息化规划、落实相关扶持政策并强化规制监管；市场主体企业应积极寻求经济与社会利益结合点，开发并运用智慧养老系统；社会要广泛实施"三社联动"机制，首要的是培养并吸引专业老年社工人才，以助推居家社区养老服务发展。

韩俊江、刘迟（2012）指出我国居家社区养老事业发展存在资金来源单一、服务内容局限性强、服务队伍建设滞后且老年人参与度低等问题，解决这些困境的关键在于服务主体——家庭、社区及市场间的良性互动与相互支持。他们提出通过政策法律及社会帮助等外部支持巩固家庭养老的基础性地位，包括构建子女养老的社会支持机制，建立家庭赡养的账户制度，并在法律上明确家庭的"精神赡养"责任；社区层面应进一步明确养老服务供给的责任与功能，针对不同类别的老年群体实行多样化的照料方案，同时加强居家社区养老服务人才队伍、基础设施及相关制度建设；引入市场机制作为家庭与政府养老资源的补充，发展市场化的居家社区护理服务、医疗服务、临终关怀服务，建立营利性的居家养老服务机构，提供更高层次的养老服务项目；通过强化家庭、社区与市场的融合与协作，形成三方相互支持的居家社区养老服务体系，从而实现居家社区养老服务支持体系的良性运转。

陈宁（2017）指出从各地居家养老服务机构的运营上看，目前存在机构规模小、服务内容单一且个性化缺失、服务需求与供给错位、亏损居多等问题，居家社区养老服务的供给面临困境。他认为居家社区养老服务发展的瓶颈有三个：一是医疗健康服务行业的行政垄断阻碍了民营居家养老服务机构的发展；二是居家养老服务机构缺乏造血机制，居家社区养老服务的开展大多依靠政府购买服务提供资金支持，付费项目难以开展致使服务机构陷入经营困境；三是养老服务人才匮乏，养老服务行业从业人员的数量不足，更缺少专业化的护理人员与战略性的服务机构管理者。我国居家社区养老服务发展瓶颈的根源在于制度缺失下的高速扩张，居家社区养老服务机构及服务设施的数量在政府推动下急速攀升，但行政化手段却忽视了对本土化服务的深层思考与规范制度的构建。瓶颈的突破路径在于厘清政府职责，为市场机制和社会力量提供发展空间，将经营权让渡给养老服务运营商；完善养老服务制度建设，规范市场主体行为并确保制度实施的有效性；侧重培养居家社区养老服务战略性管理及专业化服务人才，实现居家社区养老服务的长效发展。

王震（2018）通过对第四次中国城乡老年人生活状况抽样调查数据及社区调研资料的量化分析，指出目前我国居家社区养老服务面临供需失衡、服务利用率低的现实问题。他认为这一问题的根源在于行政化的居家社区养老服务治理模式与养老服务本身所具有的人力投入型、关系亲密型特征相冲突：仅以行政化方式处理供需主体间关系、设定简单量化服务指标，无法有效回应老年人多层次服务需求特别是情感性服务需求；僵化于床位设施等服务指标的设定，而将大量财政资金投放于居家社区养老服务的资产建设，忽视了对养老服务人力成本重要性的细化考量。他继而提出构建居家社区养老服务的社会化治理模式，通过建立内生于社区的社区组织，并引入市场机制建立竞争性的供给结构，同时建立家庭养老服务供给支持体系，重构居家社区养老服务治理模式。王碧英（2018）指出居家社区养老服务发展的现实问题在于政策执行力较弱，服务的供需不匹配，服务主体职责模糊且相互间关系失衡。其在发展建议上提出应制定包含职责清晰管理体制、老年人权利义务及完备评估体系等在内的居家社区养老服务条例，以老年人实际需求为导向丰富居家社区养老服务的供给，同时厘清政府、社会组织、企业各自的养老服务职能，建立三者合作共赢的服务伙伴关系。

郭丽娜（2019）采用2005年小普查和2010年第六次全国人口普查

数据，分析了不同类型城镇老年群体对居家社区养老服务的潜在需求，指出我国存在较大的居家社区养老服务潜在缺口；基于《中国统计年鉴》《中国民政统计年鉴》等数据指出居家社区养老服务供给数据具有弱获得性，且供给水平具有不稳定性；通过中国老年人健康影响因素跟踪调查（CLHLS）数据分析了老年人对社会服务项目的需求特点、发展趋势及居家养老服务供给的发展状况，指出尽管居家社区养老服务的种类及数量在供给上有所增加，但居家社区养老服务供需失衡的根本状况仍未改变。他提出供需平衡的实现需要重视老年群体的需求表达机制，推进多元供给主体参与的激励机制，同时规范服务供需的科学统计与测量。丁建定（2013）立足适度普惠型福利理论、基本公共服务均等化理论及福利多元主义理论，基于国外居家社区养老服务发展经验，指出我国居家社区养老服务的完善需强调家庭、社会及政府的共同责任，尽快建立包含长期护理保险制度、养老服务补贴制度、家庭养老服务供给的社会责任认同机制等服务政策支持体系，同时需要改善社区基础环境与敬老社会环境，并切实保障老年人的合法权益。

在机构养老服务发展领域，陈宇、黄少琴（2018）指出当前我国机构养老服务无法满足老人医养一体化的服务需求，养老机构盈亏失衡且床位空置率高，养老机构发展进入瓶颈期。基于组织社会学的研究视角，他们提出由于组织行为的"有限理性"及组织对外部环境的依赖性，养老机构创新发展面临效率困境与合法性危机；提出以医养融合机制化解机构养老服务发展的问题，具体措施包括健全医养融合相关政策、规范医养融合合作方式、重塑社会养老文化并鼓励多元社会力量的参与。谭兵（2018）在关于机构养老服务政策发展的研究中提出，机构养老服务供需结构性失衡、有效床位供给数量不足的发展问题，源于价格工具未能发挥其配置社会资源的引导性作用，而我国机构养老服务供给存在较强的行政干预性，这影响了价格工具的成效，进而指出机构养老服务发展的核心任务是逐步建立全面开放的市场。

杨彦等（2019）通过对2017年甘肃省登记在册的396所养老机构的运营状况的实地调查，基于养老机构的床位数、入住率、服务设施、人力资源及财政补贴等方面的具体数据，指出甘肃省机构养老服务发展存在诸多问题，包括资源配置不均衡，政府兴办养老机构的数量约占90%且多集中在缺少服务人员的农村，城区由个人、单位等兴办的养老机构运营成本高，致使大多数养老机构运营亏损或勉强维持收支平衡；养老机构硬件服务设施尚未完全达到服务标准，数量上仍存在不足；护理能力普遍较弱，护理型养老机构是需求量较大的服务机构，但目前医养结合养老机构数量少，且护理人员专业化程度偏低；政策与资金支持不足，养老机构资金来源单一且公共补贴不足。在机构养老服务发展的路径选择上，他们指出应进一步合理配置城乡资源，强化服务机构设施建设，发展护理型养老服务机构，同时在服务质量及消费能力上优化养老服务的市场环境。

陈景亮（2014）基于中国历代养老服务机构发展状况的历史性梳理，认为从中国机构养老服务发展变迁的特征上看，人口数量的变动是机构养老服务供需发生改变的基础性因素，开展养老服务的价值取向影响服务供给的质量，经济的发展变迁深刻影响民间力量对社会养老服务的参与程度。但自2000年民政部等部门印发的《关于加快实现社会福利社会化的意见》明确提出"推进社会福利社会化"的目标与总体要求以来，民办养老机构发展依然面临问题，我国机构养老服务供需仍不平衡。他继而提出机构养老服务发展缓慢的原因在于缺乏稳定持续的政策及资金支持，同时在养老机构承办者的逐利的价值取向及家庭养老传统文化理念的作用下，老人大多不会选择机构养老服务，因此必须建立新型养老价值观，特别是机构养老的主流价值观，推动和支撑社会养老服务的发展。

赵一红、聂倩（2022）基于六城市养老机构的实地调研，提出当前养老服务供需存在偏差，从顶层设计的角度看是供需的结构性失衡所致，具体包含供需结构、供给主体结构及政策体系结构的失衡。由此，从宏观层面指出要立足于社会结构的视角解构供需间的二元对立，重构养老服务体系的基本逻辑。针对民办养老机构入住率低的发展问题，李琳（2017）指出这一问题的生成逻辑：一是源于民办养老机构的激进式增长，仅以西方社会的标准作为衡量我国养老服务发展的评价指标，致使近年来养老机构数量、养老床位数迅速增加而老年人的机构养老服务需求却并未因此得到满足；二是民办养老机构的空间布局与老年人的服务需要不相匹配，导致特定区域内养老机构产生无序的运营竞争及服务供需的失衡问题；三是民办养老机构的市场化运行逻辑倾向于提供高端化或是低水平的养老服务，与大部分老人的实际需求相背离；四是老年人的机构养老意愿偏低。

在社会养老服务整体领域，辜胜阻等（2017）指出亟须构建完善符合国情、可持续发展的养老服务体系，保障并扩大养老服务的有效供给。张岩松等（2016）提出我国社会养老服务发展瓶颈之突破在于养老服务业人才的培养。李芳（2018）认为供给不足、低质与错位导致社会养老服务陷入不均衡的发展困境，深化供给侧结构性改革是养老服务业高质量发展的着力点。韩鹏、宗杭（2018）指出在需求侧影响社会养老服务供需失衡的原因是部分老年人的收入来源不足、消费总量不足且结构不合理。

二 制度变迁与协调研究

国内研究主要集中在对制度变迁及制度协调途径的进一步阐释与具体社会现象的分析中。

刘银喜、任梅（2004）指出目前中国面临的社会问题普遍具有制度性特征，如失业、社会保障机制缺失等问题、矛盾与危机的深层次根源在于制度变迁的不平衡。旧制度难以解决新的问题与矛盾，无法回应新的制度需求，这就需要对制度体系进行创新与重建。刘少杰（2007）

指出当代中国社会中的理性化的正式制度与感性化的非正式制度间的矛盾是广泛存在且难以协调和化解的社会矛盾，当前社会问题的实质是制度变迁中制度结构的不平衡。因此，构建和谐社会既要充分重视文化传统等非正式制度的作用，同时应借鉴古代社会以感性化方式实现制度协调的历史经验。李文祥（2007）指出制度能够通过控制人们行为的不确定性从而规避行为中的风险，但制度本身存在功能履行的不确定性继而产生制度的风险。由于事物的风险实质上是其对环境的不适应，因此制度风险实质上就是制度与其他正式、非正式制度间的不平衡。在和谐社会建设中存在的制度风险需要通过制度协调予以规避，具体路径上主要是针对制度设计中存在的科学世界的单一化认知及有限理性的问题，立足于人们的感性认识与社会传统，实现制度与其他正式、非正式制度间的协调统一。

周丽萍（2008）认为我国保险行业面临的困境是由正式制度与非正式制度变迁的不平衡所导致的，在其发展过程中片面强调正式制度的确立与完善，而忽视非正式制度的潜在作用最终导致正式制度的失效。制度协调要求正式制度与非正式制度的相互融合并彼此促进，这也是我国保险业发展完善的重要路径。她提出制度的建构需基于真实的社会基础，应依据我国特定的社会、文化、经济，以及行动者行动的意义与场域。吴时辉、徐佳（2008）指出制度失衡所导致的张力影响着个体的行为，反过来个体行为也将作用于制度结构的均衡。我国在国有企业改革的制度转型过程中，有效解决下岗再就业问题，需降低感性因素对理性选择的制约，而这有赖于协调正式制度与非正式制度间的关系，实现制度的变迁。王理（2010）认为我国目前处于重大的社会转型时期，重视非正式制度的作用具有重要理论及现实价值，正式制度的引入难以适应非正式制度的延续，导致实施结果的变形与低效，从而使各级政府陷入制度移植的改革误区。因此，需重视意识形态及思想观念等非正式制度的约束影响，并通过创新正式制度引导和支持非正式制度的演进，从而有效降低改革的成本，加快我国社会转型的进程。

刘芸（2017）在对我国养老保障体系的失衡性剖析与制度调整研究中指出，养老保障制度的平衡性，是指养老保障制度的资源配置处于结构合理、相对协调的状态，是一种能够实现其系统功能的最优状态。由于我国养老保障制度在具体设计及实际执行过程中存在着严重的资源结构配置不合理、相对不协调等问题，养老保障制度呈现失衡状态。在制度调整上需从政策理念到实务，强调养老保障制度建立的公平、正义及共享性，明确并强化政府的职能与责任，健全多层次养老保障体系，并加强相关社会规制的配套性制度建设，等等。封铁英、高鑫（2020）指出我国养老保险制度的变迁既有复杂的路径依赖特征，又呈现路径创造的发展趋势。养老保险制度环境深刻影响制度的初始选择，制度变迁过程中的路径依赖具有多维复杂性，既存在公平性不足的消极制度锁定与政府主导的低效制度锁定状态，也具有社会统筹层次不断提升的积极制度锁定特征。民众非正式养老观念的转变稀释了单支柱保险的制度黏性，政府部门价值取向的更新进一步助推我国养老保险制度变迁路径的创新。

刘瑛（2007）指出我国高等职业教育发展瓶颈的根源在于高职院校制度存在偏差，正式制度的缺失和非正式制度的惯性、正式与非正式制度间的冲突导致制度效率的低下。因此需要对相关正式与非正式制度进行重构，避免正式与非正式制度的不平衡，通过制度内部结构的有效融合，降低制度执行的成本，从而提升学校管理效率。马力、张前（2010）在新制度经济学制度结构分析框架下对公司治理制度进行阐释，指出公司治理问题属于制度的范畴，其中的正式制度与非正式制度兼容互补才能有效发挥治理作用。而当前公司治理中对伦理规范等非正式制度的忽视导致公司治理制度的不平衡，因此需将伦理道德与文化体系等非正式制度与正式制度安排相融合，促进两种制度的兼容互补与协调演进，继而有效提升正式制度的执行效率，使公司治理制度能够健康有序地运行。

黄智君（2019）在考察集体林改正式制度在村域中的实践过程中，对相关正式制度与非正式制度实践的适应性及匹配性进行分析，从个体认知与行动即基层个体视角出发，阐释正式制度与非正式制度失衡及其成因、失衡调适的动力及具体途径，以制度的正式、非正式层面及二者间的作用关系剖析公共政策实践中面临的问题。指出正式制度与非正式制度间相互影响、相互制约，且存在真实的辩证唯物关系。而在实践执行中要想实现预期的政策效果，则须顺应场域内的现实情况，以非正式制度为前提设计正式制度，使正式制度安排符合场域内的社会环境与文化习俗，并在正式制度的盲区充分发挥非正式制度的优势，确保正式制度合情理、合礼序顺畅运行。同时，引导并合理约束非正式制度，有效控制利益相关者的社会行为，通过行为引导使基层个体合情合理运用非正式制度，形成良好的行为习惯。提出在正式制度与非正式制度冲突消解及协调融合的层面上规范个体行为，积极促进社会的有序发展。

任大鹏、李蔚（2018）在案例分析与实地调研基础上对食品标签正式制度与非正式制度失衡及其弥合进行阐释，并针对两种制度间的关系展开讨论。他们提出正式制度与非正式制度间存在复杂的作用关系，这种复杂关系嵌于国家、社会、市场互动的背景下，体现为非正式制度基于社会本土化特征而存在，其实践连接了历史情境与当下社会的巨变，因此较之正式制度具有更为普遍的社会需求；正式制度则由政府制定并规范市场行为，但其实施排斥并挤压了非正式制度的实践空间。由此二者间便产生了制度的不平衡，但显性的正式制度与隐性的非正式制度间的边界能够不断调整，非正式制度向正式制度的转换有助于完善正式制度体系，弥补正式制度未涉及的内容。李晓方、孟庆国（2017）通过扎根理论的研究方法，从技术、制度及行动者间的多元互动的解释框架对政府服务领域的部门协作问题展开研究；以综合性的分析框架深描部门协作过程，分析协作的绩效困境及其突破；提出行动者有主动意识充分利用各种契机、创新性措施推进制度的变迁，对于有效协调制度的失衡至关重要。

钟健生、徐忠麟（2018）在关于生态文明制度的变迁及协调研究中指出，我国生态文明制度建设中存在繁杂多样的规范约束，其内部不可避免地存在冲突。对生态文明制度失衡的分析需立足于正式制度，既分析包含法律规范、软法规范等正式制度安排间的失衡，又解析正式制度与习俗文化规范等非正式制度间的矛盾。在制度变迁过程中，正式制度与非正式制度的同时作用致使政策法规的可实施性及有效性受到挑战（蔺雪春，2017）。对此，钟健生、徐忠麟（2018）进一步提出虽然不同规范内部及相互之间存在冲突与矛盾，但通过寻求制度间的共性使之相互补充，从文化、习俗、法律、软法规范四个层面来实现对生态文明制度的有效整合。

曹休宁（2004）在对我国市场化进程中制度协调问题的研究中指出，非正式制度因历史积淀而具有传统性，正式制度只有在与其相容的情况下才能发挥作用。而国家仅通过改变旧的正式制度来推进体制转轨，导致旧正式制度的改变在一定时期内与持存的非正式制度并不相容，从而产生了二者间的紧张关系，出现秩序混乱或无序的状态。在改革开放的推动下，正式制度的改变主要基于求强求富发展的目标，自上而下制定和推行，然而非正式制度却仍以适用于自然经济与计划经济的传统意识形态、风俗习惯等约束着个体的行为。因此，在社会主义市场经济体制建立的过程中必然会出现两种制度间剧烈的摩擦与冲突，产生多种不协调的社会问题。针对我国市场化改革的现实状况，研究认为制度变迁中的制度协调需要采取渐进式的改革，通过教育调适传统文化中与正式制度相悖的基本取向与价值理念，并在正式制度创新的同时注重建立有效的实施机制，保障正式制度的可行性及权威性。高新会（2007）在对转轨时期我国劳动关系制度变迁的研究中提出，对于经济转轨过程中和谐稳定劳动关系的构建，在制度层面需加强制度的创新与制度供给，保持制度供给与制度需求间的基本平衡，同时需注重非正式制度的建设，培育并形成规范性的劳动关系行为准则。

郑石桥、郑卓如（2013）指出对于制度的协调而言，制度实施机制的建构同样重要。该研究基于新制度经济学理论构建核心文化价值观对内部控制执行影响的理论分析框架，对中国内部控制的选择性执行现象进行剖析。他们认为这一问题存在的根源在于规章政策等正式制度与中国核心文化价值观等非正式制度之间的不协调，同时正式制度的推行又缺乏相应的有效实施机制。在解决内部控制选择性执行问题的路径上，一是基于中国的社会环境建立相关的正式规章制度，使正式规则与中国的核心文化价值观相匹配，避免仅照搬国外政策范式而产生的正式制度"形式化"问题；二是当所建立的正式制度与主流价值观念相冲突时，应构建相应的正式制度实施机制，以此约束违反正式制度的不良行为或对遵守规则的行为主体予以激励，确保正式制度的有效执行。吴光芸、吴金鑫（2014）在我国政府信息公开制度的失衡与协调研究中指出，缺乏充分激励和有效制约导致我国政府信息公开制度长期处于失衡状态，需要构建政府信息公开的制约与激励机制，对行政主体和相对方进行有效制约及充分激励，从而实现制度预期的价值功能。

第三节　对既有研究的评价

从国内外现有研究来看，目前学界已对社会养老服务发展及制度的变迁协调相关问题展开了广泛的理论及实践研究。

其一，在社会养老服务发展相关研究中，国外研究基于不同国家的社会制度与特定的历史发展阶段，对社会养老服务发展历程中的财政负担、需求测量、长期护理等现实问题与相应的解决措施予以解析，或据此阐释各国社会养老服务的发展方向。国内学界对我国居家社区、机构养老及社会养老服务整体领域展开了广泛的理论及实践探讨，对于我国社会养老服务发展中总体上供需失衡的现实问题予以阐释，并立足于服务实践或相关理论对问题的根源展开分析，进而提出我国社会养老服务的发展路径。既有研究对于剖析我国社会养老服务的发展问题、推进社会养老服务政策及实践的开展具有重要理论及现实价值。

其二，在制度变迁与制度协调相关研究中，国外学界对于正式制度与非正式制度变迁及其协调的研究早于我国，且已形成了关于包含行为动机与环境辨识的人类行为假定、正式制度与非正式制度变迁方式及复杂互动、制度变迁及协调的动力机制等维度的较为全面的理论分析框架。国内学界对转型期各类社会制度的变迁与协调问题，进行了相关理论与我国实践场域相结合的较为深入的解析。既有研究有助于深化对我国转型期的各类社会矛盾、不平衡发展及其化解途径在制度层面的理解。

但在相关文献梳理分析过程中依然能够发现，既有研究仍存在一定的不足，需要进一步研究和探讨。

其一，我国社会养老服务发展问题研究的静态供需分析框架有待扩充。既有研究从服务供给的角度，指出社会养老服务发展的困境源于服务供给的不足、低质与错位，或基于服务需求角度指出供需失衡的瓶颈在于部分老年人的收入来源不足、消费总量偏低且结构不合理。对于我国老龄化及转型期社会养老服务所面临的问题，近年来相关研究持续增多，这为全面分析社会养老服务发展瓶颈、提出有针对性的社会养老服务发展路径起到了重要的推动作用。但我国社会养老服务的发展同时交织着传统与现代观念、伦理与契约关系、家庭与个体责任等维度的变迁，对其现存问题仅从服务供求的逻辑进行分析，显然忽视了延续至今的人伦之孝的价值规范与行为习惯对个体选择的约束，这将难以深层次地剖析其存在问题的根源，更因脱离具体的制度情境而无法合理预测社会养老服务的发展趋势。本书力求扩展我国社会养老服务发展研究的分析框架，从动态历史性的角度深入探析我国社会养老服务发展问题的根源，立足制度变迁视角提出社会养老服务发展的出路，以期提升社会养老服务政策的有效性，满足老年人日益增长的养老服务需求。

其二，对社会养老服务发展问题出路的研究缺少制度层面的深层次理论建构。国外对于制度变迁及其协调途径进行了理论与实践发展的详尽阐释，国内研究中主要结合我国转型期各项社会制度的变革实践对制度的变迁与协调展开了进一步的解析，这一理论分析框架对理解社会变迁的路径依赖及锁入效应、个体行为与外在结构间的关系具有重要现实价值。而在社会养老服务发展出路的相关研究中，研究者已从服务的供需角度、政府及市场多元主体服务方式上提出了较为全面的发展对策，这为我国社会养老服务的完善发展提供了重要的政策依据与实践基础，但关于对策建议与发展路径的提出却长期停留于社会养老服务实践的基础阶段，这将难以从根本上解决当前我国社会养老服务发展面临的问题。本书在阐释我国社会养老服务制度不平衡形成的基础上，以制度变迁及其协调为切入点，并立足于社会养老服务发展的现实基础，提出社会养老服务发展制度协调的具体途径及其实施机制。力求在政策制定及具体实践中为老年人提供符合其真实需求的社会养老服务，进一步推动构建具有中国特色的养老保障体系。

其三，转型期我国制度变迁及协调的研究缺少基于制度变迁理论视角下，对人们的行为假定、制度变迁的动力机制等维度的深入探讨。既有研究主要对我国各类社会制度的内部或制度间的不平衡问题进行相关理论与具体实践的分析，并针对转型期存在的社会问题予以制度层面的阐释；继而从正式制度、非正式制度变迁的方式及相互间的作用关系中提出矛盾化解的途径，或从具体领域的现实问题出发，提出正式制度间协调机制的构建方式。这适用于深入分析我国转型期的社会矛盾，并有利于解决各社会领域中存在的实践问题。而正式制度与非正式制度不平衡的深层次逻辑在于社会成员的行为选择，涉及个体的行为动机与对环境的辨识，因此制度的协调还需重视新制度经济学中对人们行为的假定、制度变迁动力机制等问题的分析。本书基于社会养老服务发展的现实问题，以制度变迁的角度从个体行为选择、制度变迁动力机制及制度构成要素变迁方式、相互作用关系等方面阐释制度不平衡的形成，继而提出相应的制度协调方式与实施机制，以期为我国社会矛盾的制度变迁与协调研究提供可借鉴的分析思路。

第四章

社会养老服务发展的现状及问题

我国于 1999 年步入老龄化社会，目前正处于老龄化的高速发展阶段。随着国家社会支出及制度重点逐步由经济保障转向关注个体的福利服务，社会养老服务的政策及其实践问题成为当前亟待解决的社会问题。

第一节 中国社会养老服务发展现状

社会养老服务是老年人享有的来自社会力量而非家庭成员提供的养老服务，内容涵盖日常照料、康复保健、文体娱乐等实现老年人多层次需求满足的社会服务，具体包括居家社区养老服务与机构养老服务两种。机构养老服务是以养老机构为载体，由专业人员进行组织、运营和管理；居家社区养老服务是向居住在家中的老年人提供依托于社区、结合政府与社会力量而形成的服务，包括在社区内的服务活动与老人居家的社区支持服务两类。因而，在对我国社会养老服务整体发展状况概述的基础上，本书主要对不同种类社会养老服务发展的现实问题进行解析，阐释当前我国社会养老服务发展问题。

一 中国社会养老服务发展现状

近年来我国养老服务机构数量与床位数持续增加，机构养老服务在政策引导下不断发展。2016 年国务院办公厅提出全面放开养老服务市场，年末全国具有居家社区养老服务设施及其他综合性服务职能的社区服务机构达 38.6 万个，数量上是 2011 年的 2.4 倍，社区服务机构覆盖率为 24.4%。[①] 2018 年全国提供住宿的养老服务机构共 3.0 万个，养老服务床位 746.3 万张，床位数较五年前增加了 57.2%。[②] 民政部 2020 年二季度服务机构统计数据显示，我国养老床位数接近 800 万张。其中，养老机构达 35814 个，养老机构床位数为 450.1 万张；社区服务中心 29293 个，社区养老床位数为 341.8 万张。与 2020 年一季度数据相比，养老机构床位数增加了 10.7 万张，社区养老床位数增加了 1.8 万张，[③] 从床位数增长差异上看，养老机构床位数的增长明显高于社区养老床位数的增长[④]。

各地开展了广泛的居家社区养老服务政策实践，主要通过政府购买服务的方式，为居家社区养老服务的发展提供资金支持。政府以招投标的形式向社会组织、服务企业购买专业化、多元化的社会养老服务，为养老服务直接供给主体提供财政支持，培育居家社区养老服务市场，同时在服务供给上加强社区老年服务设施的建设。居家社区养老服务机构在政府的支持引导下开展服务实践，并进一步拓展和深化服务领域，扩大养老服务对象群体。居家老年人享有政府发放的居家社区养老服务消费券，如北京向高龄老人发放的"老年券"（王震，2018），需

---

① 《国家数据》，国家统计局官网，https：//data.stats.gov.cn/easyquery.htm？cn＝C01。

② 《2018 年国民经济和社会发展统计公报》，中国政府网，https：//www.gov.cn/xinwen/2019-02/28/content_5369270.htm。

③ 《2020 年 2 季度民政统计数据》，民政部官网，https：//www.mca.gov.cn/mzsj/tjjb/qgsj/2020/2020083102001.html。

④ 《国家数据》，国家统计局官网，https：//data.stats.gov.cn/。

求方老年群体能够免费享有服务机构提供的福利服务，提升了社会成员对居家社区养老服务的认知度。

在社会养老服务体系总体发展中，服务对象进一步扩展，由特殊困难老年群体逐步扩展至全体老年人。20 世纪 50 年代末，城镇"三无"对象的养老问题凸显，国家开始建立福利院为老年人提供照顾服务，在农村则主要针对"五保"老人提供制度性供养。新中国成立之初，社会养老服务的需求及覆盖面相对有限，国家主要以补缺型的救济政策为部分特殊困难老年群体提供社会养老服务，并长期将养老服务认定为家庭的责任，且以家庭作为福利传递载体的养老服务机制是与计划经济体制相适应的养老服务方式。而在市场化改革及人口老龄化发展进程中，社会结构的变动催生了人们对社会养老服务的潜在需求。2000 年，民政部等部门印发的《关于加快实现社会福利社会化的意见》提出社会福利服务对象的公众化，社会福利机构在确保国家供养的城镇"三无"对象、农村"五保"老人等特殊困难群体需求基础上，还要面向全社会老年人、残疾人提供福利服务；拓展福利服务的领域，扩大服务范围，并根据服务对象实际情况实行有偿与无偿相结合的多种类服务[①]。

不仅如此，"互联网+养老服务"的智慧养老服务方式，逐步融入社会养老服务的发展中。在现代信息技术的推动下，互联网与社会养老服务领域的有机融合，逐步打造并形成了智慧养老的新业态。2015 年印发的《国务院关于积极推进"互联网+"行动的指导意见》提出促进智慧健康养老产业的发展，依托互联网资源和社会力量，以社区为基础，搭建养老信息服务网络平台，同时鼓励养老机构通过移动互联网的便携式体验、紧急呼叫监控等设备，提高养老服务水平[②]。2016 年国务

---

① 《国务院办公厅转发民政部等部门关于加快实现社会福利社会化意见的通知》，中国政府网，http://www.gov.cn/gongbao/content/2000/content_60033.htm。
② 《国务院关于积极推进"互联网+"行动的指导意见》，中国政府网，http://www.gov.cn/zhengce/content/2015-07/04/content_10002.htm。

院指出，要推进"互联网+"养老服务的创新，发展智慧养老服务新业态，重点推进老年人健康管理、紧急救援等服务，开发多元、精准的定制化服务，加强养老服务公共信息资源的共享与开放①。近年来，我国部分地区已开展了智慧养老服务的实践。2010 年，浙江省着手建设"浙江省养老服务体系信息管理系统"，以夯实智慧养老基础（向运华、姚红，2016）；2013 年，南京首家智能居家养老服务中心投入使用，为居家老年人提供健康评估与指导（王晓慧、向运华，2019）；2015 年，杭州市民政局设计并建设新型养老信息平台，依托"互联网+"提供居家社区养老服务，新型养老信息平台由"统一平台、统一呼号、统一养老卡（市民卡）、统一 App、统一数据库"构成，实现一站式养老服务功能（常敏、孙刚锋，2017）；2015 年，北京市率先在养老机构开展了远程医疗服务（睢党臣、彭庆超，2016）。全国各地以"互联网+养老服务"为支撑开展了大量的社会养老服务计划与探索性实践，丰富并推动了智慧型社会养老服务的创新发展。

同时，以村庄或社区为基础的互助养老是我国推行的多主体供给的互助养老方式之一。2008 年河北省邯郸市肥乡县前屯村建造了"互助幸福院"，利用村中的闲置场地，以老人的子女和村集体资金为支撑，整合自理老人的照料资源，为院内老人提供生活互助式养老支持。互助幸福院的养老方式在民政部的支持下逐步被推广至全国各地，如山东省邹城市黄广村建立了"互助养老合作社"，鼓励低龄老人帮助高龄老人、健康老人照料自理能力弱的老人，自愿互助安度晚年（贺雪峰，2020）。在社区互助养老实践中，20 世纪 90 年代末上海率先实行了"时间银行"养老服务，由低龄老人照料高龄老人，并将照料服务的时间兑换为时间券，作为低龄老人享受养老服务的凭证；1999 年，广州寿星大厦帮助健康老人存储服务时间；2004 年，北京丰台区大红门街道开设了第一家"爱心

---

① 《国务院办公厅关于全面放开养老服务市场提升养老服务质量的若干意见》，中国政府网，http://www.gov.cn/zhengce/content/2016-12/23/content_5151747.htm。

时间银行";2005 年,南京滨湖街道兆园社区首次将"时间银行"服务与志愿服务激励机制相融合(梁丽娟、李菲菲,2014)。21 世纪以来,"时间银行"互助养老服务在我国各地区得到广泛发展。

经济发达地区如北京、上海等地基本形成了地方性的社会养老服务实践模式。如北京提出的 2020 年"9064"的养老服务发展目标,上海提出的"9073"养老服务模式,武汉提出的"9055"服务模式,等等,各地区分别以居家、社区、机构养老所占比例为基准,规划和发展区域性的社会养老服务供给。各地特别是经济发达地区,政府的养老服务体系建设能力不断增强,对于深化社会养老服务实践的重视程度逐渐提升。从居家社区养老服务的发展上看,截至 2018 年底,我国 31 个省份相继出台了政府购买居家社区养老服务政策文件,指导并探索政府购买居家社区养老服务的实践模式,形成了上海模式、南京鼓楼模式等具有代表性的服务运行模式,社会养老服务体系建设在政策规划与服务实践中均取得了一定的成效。

社会养老服务产业化发展迅速,"银发产业"成为过剩经济下扩大内需、促进现代服务业发展的新动力。政府、企业、社会组织多主体的养老服务合作供给模式得到初步探索与发展,并积累了有益的实践经验。养老服务产业包括康复护理及保健养生等老年健康服务、老年人日常生活及辅助用品、养老公寓及养老社区等地产、老年教育文化、老年出行旅游、老年餐饮服务等,这些服务共同构成了养老服务的产业链。例如泰康人寿保险股份有限公司继在上海、三亚等地的医养社区进行"七城联动"建设后,其第八个候鸟式的连锁型医养社区也已落户于杭州(曹立前、尹吉东,2018)。养老服务的产业化即将市场机制引入社会养老服务的供给领域中,对于优化养老服务的资源配置、提升服务供给效率及质量具有重要的推动作用。同时伴随养老服务市场化发展,相关从业人员的市场需求增加,缓解了部分进城务工女性、城市大龄失业群体的就业问题,并从需求侧推动了高校的养老保障、医疗卫生等领域人才培养结构的变革。

21世纪以来，我国养老服务政策体系不断丰富发展，政策引导及社会力量的参与促进社会养老服务供给不断提升，相关法规制度与服务监管体系也随之进一步深化。随着社会养老服务供给主体的日益多元化，为确保养老服务质量，服务的监管与评估工作也相应地引入了政府、社会组织等多个主体的协作参与，以弥补政府作为单一监管主体的专业性不足、职权滥用等行政化缺陷，这一变革催生了第三方评估的服务监督机制。2019年，参照国家市场监督管理总局发布的《养老机构等级划分与评定》指标，北京、重庆、广东等地通过第三方评估的监管方式，委托专业机构对养老机构服务设施等进行等级评估，并在评估过程中运用"互联网+"技术对社会养老服务过程、评估流程等进行全面的规范化管理（马丽萍，2020）。社会养老服务智慧评定系统的引入，提升了服务监管的效率、规范性及专业性。

总体而言，我国养老服务体系的发展正逐步由机构养老、居家社区养老的分项推进，演进至机构与居家社区养老的协调与融合。在政策文本中，2008年全国民政工作会议提出了建立"以居家养老为基础、社区服务为依托、机构养老为补充"的社会养老服务体系，2011年"十二五"规划中将机构养老调整为"支撑"的养老服务供给角色，2016年"十三五"规划中将机构养老重新定位为"补充"的社会养老服务供给角色。而2019年中共中央、国务院印发的《国家积极应对人口老龄化中长期规划》中提出要充分发展机构养老，党的十九届四中全会则进一步提出建立居家社区机构相协调、医养康养相结合的养老服务体系。综合性的养老服务体系构建将打破"9073""9064"等养老服务格局的局限，为老年人提供综合式的社会养老服务。

二　中国社会养老服务发展问题

自20世纪末我国步入老龄化社会以来，国家层面相继出台了关于居家社区养老服务、机构养老服务、社会养老服务体系建设等多项政策规划，自上而下推动多主体供给的社会养老服务发展。目前，居家社区养老、机构养老协调发展的基本架构已初步形成，社会养老服务实践较之老龄化初期已取得了显著的成效，体现为社会养老服务的方式及对象范围不断拓展，服务设施与机构的数量日益增多，服务的标准化及专业性不断提升。近年来，社会养老服务体系建设与发展规划等政策及标准频繁出台，发文总量呈上升趋势。2013～2018 年，国务院及其直属机构关于养老服务的发文总量是 2012 年以前的 4 倍。从中国法律检索系统中搜索 2019 年有关养老服务的中央规范性文件多达 206 篇，2009 年这一数量为 103 篇，相关政策文件较 10 年前增长了一倍，在 1980 年以前，中央规范性文件中未发布过相关政策内容。伴随老龄化程度的加深，国家对社会养老服务政策支持力度不断加大，社会养老服务实践已取得了初步进展。

然而，自我国推行养老服务多元供给政策体系以来，我国社会养老服务的发展却始终面临着供需失衡的现实问题。从社会养老服务潜在需求上看，新中国成立以来，在人口惯性作用及人均预期寿命延长等因素的影响下，我国老年人口迅速增多。20 世纪末我国人口出生率降至 15‰以下，人口再生产类型进入"低出生率、低死亡率、低自然增长率"的阶段，2000 年以后，我国完成了人口再生产类型的转变。[1] 2020 年第七次全国人口普查数据显示，我国的总和生育率仅为 1.3，已降至人口更替所需的总和生育率值 2.1 以下（国务院第七次全国人口普查领导小组办公室，2021）。这些因素导致我国于 20 世纪末步入老龄化社会，目前正处于老龄化的高速发展阶段，我国老年人的潜在社会养老服务需求与日俱增。

---

[1] 《人口大国向人力资源强国转变 人口高质量发展取得成效——新中国 75 年经济社会发展成就系列报告之十五》，国家统计局官网，https://www.stats.gov.cn/zt_18555/ztfx/xzg75njjshfzcj/202409/t20240920_1956593.html。

　　根据国家卫生和计划生育委员会发布的《中国家庭发展报告（2015年）》，2015 年空巢老人占老年人总数的一半，独居老人占老年人总数近10%[①]，2025 年前我国高龄老年人口年均增长将达 100 万人（吴玉韶，2013），到 2050 年，65 岁及以上老年人口将达 3.8 亿，占总人口比例近30%，60 岁及以上老年人口将接近 5 亿，占总人口比例超 1/3[②]。据 2021 年中国综合社会调查（CGSS2021）数据统计，关于老龄化顾虑的相关问题，有 66.8% 的被访者在不同程度上表示会担心自己年老时生活不能自理[③]。

　　由此可见，随着高龄老年人数量的增长、预期生活自理能力的下降以及空巢期的相应延长，家庭结构变动下老年人照顾服务缺失的问题亟须社会养老服务的发展予以回应。从国家政策层面上看，养老服务的供给主体由家庭支撑逐步转为政府、市场、社会与家庭的责任共担。而在具体的政策实践中，我国的机构与居家社区的社会养老服务发展却始终难以满足老年人真实的服务需求，机构与居家社区养老服务发展存在供给与需求不对应的问题。

　　从机构养老发展上看，长期以来机构养老存在盈亏失衡、床位空置率高、服务设施利用率低等问题。《中国养老机构发展研究报告》显示，2015 年全国养老机构床位空置率高达 48%，有利润盈余的养老机构比例为 19.4%，32.5% 的机构呈亏损状态[④]。根据民政部 2020 年第三季度发布的养老机构发展数据，全国各类养老机构达 4.23 万个，床位数 429.1 万张，收住老年人 214.6 万人[⑤]，养老机构的平均床位数约为

---

① 《2015 家庭发展报告：空巢老人占老年人总数一半》，人民网，http://politics. people. com. cn/
n/2015/0513/c70731-26995290. html。

② 《2050 年中国 60 岁及以上老年人口或近 5 亿 老龄化挑战如何应对?》，经济观察，http://
news. china. com. cn/2020-06/12/content_76157168. htm。

③ 《中国综合社会调查（2021）》，中国学术调查数据资料库，http://www. cnsda. org/index. php?
r=projects/view&id=65635422。

④ 《〈中国养老机构发展研究报告〉发布》，中国政府采购网、中国政府购买服务信息平台，
http://www. ccgp. gov. cn/gpsr/gdtp/201507/t20150717_5572025. htm。

⑤ 《民政部：全国共有养老机构 4.23 万个 收住老年人 214.6 万人》，中新网，http://www. chi-
nanews. com/sh/2020/07-29/9251088. shtml。

100 张，平均入住率仅为 50%。

从区域上看也不乐观，截至 2016 年底，山东省各类养老床位达 67 万张，其中公办养老机构 21.9 万张，利用率为 50.2%，民办养老机构 23.3 万张，利用率为 48.9%（张孟强，2017）。2016 年北京市养老机构床位利用率为 53.0%，其中，有近 20% 的机构入住率低于 20%，50% 的机构入住率低于 50%，而一床难求、入住率高的养老机构仅有 49 家，占比约为 10%。且经营上处于盈余状态的养老机构仅占 4.0%，32.8% 的养老机构盈亏基本持平，处于亏损状态的养老机构占比则多达 63.2%（乔晓春，2019）。甘肃省养老机构的调查数据显示，2017 年各市（州）396 所养老机构平均老年人入住率仅为 48.9%（杨彦等，2019）。当前，我国养老机构及床位数量的快速增加与居高不下的床位空置率并存，养老机构盈利比例低与市场的投资热情高相矛盾，养老产业面临投资回报率低且养老机构赢利难的问题，我国机构养老服务的发展陷入"迷思"。

居家社区养老服务分为社区内的服务活动与老人居家的社区支持服务两种。社区内的养老服务大多仅仅面向能自理且积极愉快的老年群体开展一般性文体娱乐活动，缺少针对康复医疗、照料护理等面向特殊老年群体的居家社区养老服务，即使在社区建立了康复活动室，也普遍存在使用率低的问题，室内康复器械大多处于闲置状态。而且，各地普遍存在社区日间照料中心床位利用率低的问题，如山东省 2016 年城市社区日间照料中心有 8.4 万张床位，利用率仅为 12.8%（张孟强，2017）。大部分社区日间照料中心甚至未向服务对象开放，却占据社区有限的办公与服务空间，养老服务床位空置问题严重。社区内的养老福利资源供给处于低效甚至无效的状态，不断增多的服务设施建设未能有效实现其价值功能，难以满足老年人的多层次服务需求。

老年人居家的社区支持服务同样存在供需失衡的问题。随着经济不断发展，老年人居家社区养老服务供需矛盾问题有所缓和，然而供需失衡的根本状况却未发生改变（郭丽娜、郝勇，2018）。在数据测算出的巨大的居家社区养老服务需求之下，国家政策层面相关文件频繁出台，各部门在财政税收、人才技术、体系建构等方面做出了全面且细化的制度安排。而在各地的政策实践中，政府支持与居家社区养老机构的服务供给却并未得到需求方的响应，老年人居家社区养老服务发展缓慢。

根据第四次中国城乡老年人生活状况抽样调查总数据，有15.3%的老年人认为自己的日常生活需要别人照料护理，且照护服务需求比例随年龄的增加而显著上升。从总体上看，农村老年人的照护服务需求比例高于城镇老年人（见表4-1）。对于问题"如果需要，您最愿意在哪里接受照料护理服务"，有82.1%的老年人选择在居住地"家里"接受照护服务，选择"白天在社区晚上回家"的老年人占2.1%，选择在"养老机构"接受服务的老年人占4.4%，选择"视情况而定"的老年人占11.4%（全国老龄工作委员会办公室，2018）。

表4-1　城乡不同年龄老人照护服务需求情况

单位：岁

城乡	照护需求	60~64	65~69	70~74	75~79	80~84	85岁及以上	全部
城镇	需要（%）	5.4	7.6	11.7	18.8	31.7	53.5	14.2
	不需要（%）	94.6	92.4	88.3	81.2	68.3	46.5	85.8
农村	需要（%）	7.8	11.1	15.8	23.3	30.7	51.0	16.4
	不需要（%）	92.2	88.9	84.2	76.7	69.3	49.0	83.6
全部	需要（%）	6.6	9.3	13.7	20.9	32.7	52.4	15.3
	不需要（%）	93.4	90.7	86.3	79.1	67.3	47.6	84.7

资料来源：第四次中国城乡老年人生活状况抽样调查总数据。

由此可见，居家社区养老服务是大部分老人的潜在服务需求。在具体服务内容上，有上门看病居家社区养老服务需求的老年人最多，共计

82206 人，占比 38.2%；其次是上门做家务、康复护理养老服务需求；最后依次是心理咨询/聊天解闷、健康教育服务等服务需求（见表 4-2）。

表 4-2　城乡老年人居家社区养老服务项目需求情况

单位：人，%

服务项目	需要下列服务的人数			需要下列服务的比例		
	城镇	农村	全部	城镇	农村	全部
助餐服务	10247	8077	18324	9.1	7.9	8.5
助浴服务	4869	4869	9738	4.3	4.7	4.5
上门做家务	15106	10781	25887	13.5	10.5	12.0
上门看病	32718	49488	82206	29.2	48.0	38.2
日间照料	9988	10139	20127	8.9	9.9	9.4
康复护理	11258	13282	24540	10.0	12.9	11.4
老年辅助用品租赁	3688	4243	7931	3.3	4.1	3.7
健康教育服务	10334	12254	22588	9.2	11.9	10.5
心理咨询/聊天解闷	10572	12470	23042	9.4	12.1	10.7

资料来源：第四次中国城乡老年人生活状况抽样调查总数据。

在居家社区养老服务供给上，第四次中国城乡老年人生活状况抽样调查社区层面数据显示，在社区生活类服务供给上，43.9%的社区内及周边 1 公里有便民服务，包括代缴费/充值、快递服务等，33.1%的社区及周边提供法律服务，21.8%的社区有殡葬服务，托老服务占15.6%，家政服务比例为 15.2%。没有生活类服务供给的社区比例为35.1%。在社区健康医疗类服务供给上，38.4%的社区提供健康讲座服务，35.0%的社区提供上门看病服务，其次是心理咨询、康复护理服务。没有健康医疗类服务的社区占 39.4%。从居家社区养老服务的供给情况看，较十几年前已有很大的发展。城乡老年人对居家社区养老服务有一定的需求，社区层面服务供给也有所增加，尤其在城市的大部分社区都有各类居家社区养老服务供给（王震，2018）。

在居家社区养老服务的使用情况上，2006 年中国城乡老年人口状况追踪调查数据显示，上门做家务服务的利用率为 2%，上门护理服务利用率为 1.5%，聊天解闷利用率为 5.5%。在城市老年人口数据中，老年人服务热线、老年饭桌或送饭、陪同看病、日常购物、法律援助等服务项目的利用率均在 1% 以下（丁志宏、王莉莉，2011）。2010 年中国城乡老年人口状况追踪调查的数据显示，城镇上门看病服务利用率最高，为 6.01%；陪同看病利用率为 0.86%；上门护理利用率为 0.46%；日常购物利用率为 0.45%（王琼，2016）。第四次中国城乡老年人生活状况抽样调查数据显示，我国居家社区养老服务城乡及总体上的利用率仍非常低，除上门看病总体上利用率为 15.15% 外，助餐服务、助浴服务、康复护理等服务项目利用率不足 1%（见表 4-3）。相较服务供给而言，居家社区养老服务的使用率低下。

表 4-3　居家社区养老服务使用情况

服务项目	居家社区养老服务利用率（%）		
	城镇	农村	全部
助餐服务	0.99	0.45	0.74
助浴服务	0.47	0.30	0.39
上门做家务	2.65	0.85	1.82
上门看病	8.31	22.91	15.15
日间照料	1.22	1.11	1.17
康复护理	0.89	0.78	0.84
老年辅助用品租赁	0.61	0.35	0.49
健康教育服务	5.10	3.69	4.45
心理咨询/聊天解闷	2.51	2.25	2.39

资料来源：第四次中国城乡老年人生活状况抽样调查总数据。

基于对统计数据的分析，2006 年以来政策助推居家社区养老服务不断发展，然而服务利用率低的问题却未能从根本上得到缓解，老年人的居家社区养老服务需求未能得到有效满足，居家社区养老服务的供给大多处于空置的状态。

第二节　C 市的社会养老服务的实践

在全国性统计调查数据基础上，本书以 J 省 C 市的具体服务实践进一步深入阐释社会养老服务的发展状况。截至 2024 年 12 月，C 市居家社区机构相协调、医养康养相结合的新型养老服务格局正在逐步建立，养老服务方式更加多样化。服务对象上，在以全体老年人为服务目标群体的基础上，政府更多地为特殊困难老年群体提供照料服务支持。政府以购买服务、鼓励专业化服务机构入驻社区等方式，为老年人提供多种居家社区养老服务。在政策支持下，养老机构数量、床位数不断增加，服务设施建设不断加强，逐步推进居家社区、机构养老服务市场的发展。

一　机构养老服务的具体实践

2020 年，C 市共有养老机构 495 家，其中公办养老机构 106 家，民办机构 389 家，养老床位 47850 张。2017 年以来，市、县两级累计投入 1.2 亿元，对全市 20 所农村社会福利服务中心进行了升级改造。2020 年，全市共有农村社会福利中心 100 家，床位数 9025 张，以满足农村老年人集中供养需求。同时，加强养老机构的"智慧"服务建设，"十三五"期间，在 C 市社会福利院开展标准化看护及安防监控管理项目，投资 174 万元，建设智慧化照护管理系统，并鼓励民办养老机构开展"智慧"建设，通过引进网络化服务系统及智能化养老设施，改进或更新养老服务管理模式，培育了 HA、RD、XZ 等"智慧"养老机构。

在养老服务监管方面，建设服务监管的信息平台。2019 年在 N 区开发养老服务信息平台的基础上，全市对养老服务的信息平台进行推广，启动 C 市养老服务的信息平台建设，实现了养老机构为老人提供服务的过程、具体内容，以及服务测评环节中服务的质量、满意度等维度的监督管理。同时，实现区一级民政部门与养老机构运营补贴的按天结算。据 JT 养老机构院长反馈：

> 养老院的监管，只要是属地管理，咱们 C 区的这些行政主管部门（民政局、市场监督管理局等）就都可以管到我们，还有 C 区的卫生健康委。日常，我们通过正常的管理群系统汇报工作。每天都汇报，有多少（老年）人，每天防火情况怎么样。直接在系统上传资料，包括老人的信息等。我们机构内设办公室，办公室主任也就是院长助理，专门负责对外联系，取文件材料、做汇报、写总结材料等。办公室下面还有分支，我们机构内部的人事招聘，由人事主管负责；后勤主管负责后勤工作；还有一个行政主管专门抓办公室纪律、员工精神文明建设等方面。（SD-JT 养老机构院长-20200603）

可见，C 市养老机构通过民政局等部门的外部监管与机构内设部门的管理，对机构养老服务实践环节进行规制。2018~2020 年，C 市民政局等部门在对全市养老院服务质量排查过程中，关停了不合规养老机构 353 家，整改隐患问题 1300 多处，疏散安置老人 5500 余位。

在医养结合、文体娱乐等服务实践方面，截至 2021 年底，C 市共有医养结合机构 58 家，其中设立医疗卫生机构的养老机构 48 家，开展养老服务的医疗卫生机构 10 家，医疗卫生机构与养老机构建立签约合作关系的共 297 对。RD 医院有限公司等 5 家医养结合机构被国家卫生健康委确定为"老龄健康医养结合远程协同服务试点机构"[1]。部分养老机构能够与各级医院联合，定期组织为老人检查身体，为护理人员提供医疗看护指导。部分服务机构与社会组织合作为老人提供多种类文

---

[1] 《政府信息公开》，长春市人民政府网，http://zwgk.changchun.gov.cn/zcbm/swjw_3974/wjwxxgkml/202208/t20220822_3055167.html。

娱服务活动，并在养老机构内设有活动大厅，满足部分老年人的休闲娱乐需求。对不同类型养老机构的管理者与护理人员的访谈如下：

> 我们与省医院、省医大、YQ 总医院有过互动。就是他们帮我们进行临床查房，查看老人的病情，也在医疗方面做一些指导，这种活动我们都会定期开展，在医疗方面的合作非常多。其他的社会组织，也是因为疫情防控需要，我们还没有过多的工作接触。（SD-JT 养老机构院长-20200603）

> 就是能自理的，一般（养老院）有活动大厅，老人可以在这里打麻将、打扑克、下棋、扭秧歌、唱歌，有各式各样的活动。主要是针对能自理和半自理的老人，失能的老人这些活动就都做不了了。（TM-HA 养老机构护理人员-20200902）

二　居家社区养老服务的具体实践

2018 年，C 市共完成对 76 个居家社区养老服务中心的改造升级，并以发放服务券的形式吸纳 41 家养老服务组织，开展政府购买居家社区养老服务工作，分别为特困、低保、失能、失智、高龄空巢、失独等特殊困难老年群体，提供助餐、助洁、助浴、助行、助医等居家社区养老服务。服务人群较 2016 年有所扩大，服务标准得到进一步提高，对特殊困难老年群体的服务补贴由每人每月 150 元提升至 200 元。2015 年至 2021 年，C 市累计投入近 6000 万元，为特困、低保、失能、失智等 10 类特殊困难老年人购买居家社区养老服务，服务老年人 7000 余名，累计提供居家社区养老服务 30 余万单。该居家社区养老服务项目的监管采取网络平台信息化方式，以微信公众平台、服务机构及政府客户端为载体，设置政府购买居家养老服务的申请、审核、审批、支付等环节，实现区级民政部门对居家养老服务机构的便捷监管及精准结算。此外，C 市 E 区还为高龄老人提供居家社区养老服务补贴，每人每月发放 100 元服务券，服务对象覆盖辖区内 4000 余位高龄老年人。

2018 年 C 市民政局出台《关于创造宽松环境支持社区居家养老服务发展的通知》，提出无偿为服务机构提供居家社区养老服务用房，同时开放社区老年人口的基础性数据，尊重服务机构的自主运营权益，为 C 市居家社区养老服务的发展创造宽松环境，促进全市养老服务的多元化发展。截至 2020 年 1 月，C 市大部分居家社区养老服务机构均使用社区提供的免费场地，如 LT 社区居家养老服务中心直接使用社区提供的 350 平方米的场地，并配备相应的社区日间照料室、多功能活动室、图书阅览室、医疗保健及康复训练区；DY 居家养老服务中心使用 FS 社区免费提供的 600 平方米的场地，并配有占地 50 平方米的超市；XF 养老服务公司旗下的 YZ、KS、LD 居家养老服务网点均设在社区的活动室或办公区域内，使用社区的多功能活动室、康复训练室等服务活动空间；JS 社区居家养老服务中心拥有社区免费提供的 1000 平方米的场地，设有理疗室、日托室、康复训练室及医疗保健室等，并开展特色理疗、康复护理等多元化居家社区养老服务。

《C 市新建住宅小区社区居家养老服务用房配建移交管理办法》，明确新建住宅小区按照每百户不小于 30 平方米建筑面积配建社区居家养老服务用房，且单体用房面积不得小于 300 平方米，社区居家养老服务用房服务半径应小于 1000 米，便于管理并为老年人建立便利的养老服务场所。全市城区社区已完成日间照料中心建设 270 个，覆盖率基本达到 100%。对于居家社区养老服务的具体实践开展工作，据 JS 社区居家社区养老服务负责人反馈：

> 居家社区养老服务就是社区有日间照料室、活动室；入户服务主要就是为 80 岁以上空巢老人提供日常照料的"200 元服务券"

的政府购买服务项目。再有通过我们走户了解，如果老人有需要的话，我们就会为他们提供帮助，但是这种情况也少。（QYX-JS 社区副主任-20200922）

在居家社区养老服务机构的发展建设上，C 市推进养老综合 PPP 项目建设，启动建设 1 个大型养老中心，并完成 3 个托老中心选址，推进 20 个居家社区养老服务中心的建设。作为首批"全国居家和社区养老服务改革试点城市"，C 市利用中央财政试点专项资金，进一步支持开展社区居家养老服务中心、居家养老医养结合、居家养老服务组织培育等 64 个项目建设，引入社会力量运营居家养老服务中心 72 个。同时，C 市积极探索并出台具有福利性质的居家社区养老服务政策，为居家老人提供免费的健康检查，推行家庭医生服务政策，并开通 12349 居家社区养老服务热线，以满足居家老年人多元服务需求。截至 2017 年，C 市共有基层医疗机构 1780 家，其中社区卫生服务中心 90 家，社区卫生服务站 53 家，乡镇卫生院 120 家，村卫生室 1517 所。据社区卫生服务中心管理人员及老人反馈：

社区为老人开展健康教育讲座，讲座每个月都有，我们有专门的健康教育科，除了健康教育科，每个项目都有相关的健康教育内容。关于老年保健，我们有自助体检屋，也是免费的，包括血压、心电图、血脂、身高体重、眼底等检查。现在就是老年人、儿童（0~6 岁）、孕产妇、残疾人，这些重点人群的健康免疫、定期体检、慢性病指导、用药治疗方面还有电话随访，这些都是家庭医生的服务内容。（ZM-QF 社区卫生服务中心管理人员-20200625）

社区给这么多老年人免费体检也不容易，一般他们就是开展老年人娱乐方面的活动比较多，比如唱歌、跳舞。原来有一个讲座，但是我总觉得还没进入那个年龄段，就没参加，我还认为自己挺年轻的呢！其他的医疗服务还没有。（YLP-YY社区老人-20190624）

社区在具体服务实践中主要为老人提供免费体检、健康档案建立、健康讲座等服务。"十三五"期间，社区服务为全市85万余名65岁及以上老年人建立了健康档案，组织46万余名老年人进行了健康体检。据JS社区副主任进一步介绍：

因为咱们有一些志愿者，对贫困老人有所了解，帮他们代办老人证、残疾人证等。在康复保健方面，就是之前有一位残疾人做过康复。社区卫生服务站会给老人建立健康档案，然后每年都会为老人免费体检；会给65岁以上的老人建立健康档案，然后可以定期去体检。老人想去体检就去。再就是社会组织购买服务会有时给老人体检，再就是一些大学生志愿者，以前在我们这个地方做过活动，然后又回来继续给老人做体检。室内室外的身体检查都办过，室外的体检车也来过。（QYX-JS社区副主任-20200922）

第三节 C市的社会养老服务发展问题

机构养老服务发展中，养老机构入住率低，机构服务老人数量有限。截至2015年末，C市城区公办养老机构4家，床位数1010张，入住率为70%；民办养老机构320家，床位数21482张，入住率为55%，接受机构养老服务的老人仅占C市城区老年人口总数的2%（韩烨、蒲新微，2018）。从区域发展情况上看亦不乐观，2019年，C市E区共有24家养老机构，其中公办养老机构1家，民办养老机构23家，床位数共 2348 张，入住老人 1466 人，入住率为 62.4%[①]。2022 年，C 市 K 区共有养老机构 30 家，其中民办养老机构 29 家，公办养老机构 1 家，养老机构床位 6763 张，入住老人 2485 人，入住率仅为 36.7%[②]。

近年来养老机构数量及床位数不断增长，且家庭养老日渐式微，老年群体照护问题严峻，但机构养老服务的发展却始终未能有效承接外化的养老服务需求，养老机构床位空置率偏高。

同时，居家社区养老服务发展面临供需失衡的现实问题。当前，C市人口老龄化处于深度且加速发展阶段，老人的照料服务需求凸显。据XH 社区书记的反馈，老年人对居家社区养老服务具有潜在需求：

> XH 社区内常住老年人口占 30% 多，老龄化问题严峻。
>
> 我们社区属于老社区，老年人口较多，年轻人都在外地或者市区，基本上照顾不了老年人。居家养老服务应该得到进一步推广，为没有子女照顾的老年人提供居家服务。（LX - XH 社区书记-20191021）

根据 2016~2021 年 C 市老龄人口抽样调查数据，老年人普遍存在居家社区养老服务需求。2016 年 C 市老年人口居家社区养老服务需求中，需要医疗护理服务的老人有 4997 人，占 39.5%；需要家政服务的老人有 4572 人，占 21.8%；有陪护、聊天需求的老人为 1666 人，占13.2%；有康复训练需求的老人为 1638 人，占 12.9%；需要代购服务的老人为 1341 人，占 10.6%（陈亚斌、蒲新微，2017）。2020 年对 C市居家老人的调查数据显示，有 65% 的老人表示需要社区提供休闲娱

---

① 《政府信息公开》，长春市二道区人民政府网，http://www.ccerdao.gov.cn/zwgk/wgk/jggk/ya-ta/rddbjy/201911/t20191114_2044165.html。

② 《政府信息公开》，长春市宽城区人民政府网，http://www.jckc.gov.cn/xxgk/wgk/jggk/rdya/202211/t20221107_3082282.html。

乐类的服务，44%的老人认为需要社区健康讲座咨询服务，33%的老人需要就医取药等服务，31%的老人表示需要日常照顾如助餐、助浴、家政等居家社区养老服务。

从服务供给与服务利用度上看，各项居家社区养老服务的供给①均大于老人对服务的使用。2020年C市居家老人社区服务情况的调查数据显示，有17%的老人表示社区有日常照顾服务，如助餐、助浴、家政等照料服务，而仅有10%的老人使用过此类服务，即在老人知晓其所在社区具有各类养老服务供给的情况下，老人对服务的利用度依然偏低（见表4-4）。

表4-4　C市居家老人社区服务需求、供给及使用情况

题目 \ 选项	是否需要（%）	是否有（%）	是否使用过（%）
日常照顾（如助餐、助浴、家政）	31	17	10
就医取药（如定期查体，义诊体检；上门看病，家庭出诊；陪同就医，接送看病；代为取药，送药上门；等等）	33	17	13
康复护理（如老年辅助用品租赁；喂药、翻身、按摩服务；康复护理及保健指导或培训；等等）	24	12	9
健康讲座（健康热线咨询）	44	33	23
心理咨询（聊天解闷）	28	15	12
休闲娱乐	65	56	46
日间照料	27	18	11

资料来源：2020年C市老年健康服务体系建设研究项目。

整体统计数据显示，C市居家老人具有多样化社区养老服务需求，各类服务均存在一定的供给，而服务使用率却低于养老服务的供给量。且从服务种类上看，居家社区养老服务主要集中于休闲娱乐类的服务，有56%的老人表示社区提供休闲娱乐服务活动，而对于专业化的康复

---

① 此处居家社区养老服务供给情况为老人答卷中的数据，即老人所知晓的居家社区养老服务供给情况，故能够有效反映服务的供需问题。

护理、保健指导及心理类的咨询慰藉等服务供给较少，仅有 12% 的老人表示社区提供康复护理类老年服务，有 15% 的老人表示社区提供了心理咨询类服务。

与此同时，在 C 市居家社区养老服务机构及社区的具体服务实践中，目前 C 市社区内的居家社区养老服务开展种类单一，且老年人社区日间照料服务的床位空置率畸高。2014 年，C 市提出将社区日间照料中心全部升级为社区居家养老服务中心，但实践中社区日间照料中心与养老服务中心功能重叠，且均未能充分发挥其应有的服务价值，社区内服务主要集中于老年人文体娱乐活动服务。

如 ZL 居家养老服务中心 SJ 分中心提供文体娱乐、康复护理、日间照料等服务项目，而实际发生的服务多集中于文体娱乐活动；CY 居家养老服务中心 TL 社区服务站提供上门助洁服务、文体娱乐服务、体检服务、康复护理服务及法律咨询服务，实际居家社区养老服务实践也仅集中于文体娱乐服务方面。此外，C 市日间照料中心虽已覆盖各个社区，但几乎处于空置状态，具有日间照料服务的居家社区养老机构也面临床位空置率高的问题，如 CF 居家社区养老服务中心以托老服务为主，但机构的月均托老服务人数不足 30 人，且目前机构的空床率超过 50%。根据对社区主要负责老年服务的副主任访谈：

> JS 社区约有 1.138 万人，5149 户，老年人口 3000 余人，占社区人口总数的 1/3，人口老龄化问题严重。
>
> 我是 2014 年来这里上班的，2014 年这里已经建成了日间照料室，就是关于居家养老服务的，但没开展什么工作。说白了只是社区打造，当时我们有"千米"社区的要求，就是社区的总面积达到 1000 平方米，但很多后建的小区，社区的范围都比我们大。还有残疾人康复室，确实是帮助过人，为他们做康复训练。但也就仅限一两位吧。好像是 A 栋的，我们还去过他家里为他做康复训练，

专门人员上门做康复。康复器材都有，到现在还有呢。（QYX-JS社区副主任-20200922）

各社区与机构的服务情况表明，服务种类的单一化难以满足社区内自理能力偏弱老人的康复保健、照料护理等切实养老服务需求。然而，社区内的居家养老服务日间照料床位又存在严重的空置问题，服务设施的利用率较低，多个社区日间照料中心、养老服务中心及老年活动室在功能上无明显区分，社区内的养老服务资源存在严重的浪费。

不仅如此，老年人居家的社区服务实践中，政府及居家养老服务机构作为供给主体陷入效率不高的状态。一方面，政府面临难以引导老年人形成购买服务的消费习惯、无力推动服务供给发展的问题。C市E区于2014年起开展J省居家社区养老"定制化"服务试点工作，依据《J省人民政府关于加快养老服务业发展的实施意见》《J省民政厅关于印发养老服务工作试点方案的通知》相关要求，YC商业服务集团有限责任公司承接了该居家社区养老服务项目。在《C市E区政府购买居家养老服务协议》中，规定服务商应在为辖区内80岁及以上空巢老人提供助餐、助洁、助浴、助行、助医等生活照料服务基础之上，开展康复保健、精神慰藉、紧急救援等服务项目；政府购买居家养老服务主要通过服务券形式从需求侧补贴老人，以期逐步推进居家社区养老服务的多元及长效发展。然而，老年人居家的社区服务种类却仅限于餐饮、家政等基础性服务，且老年人对服务的消费意愿偏低。通过对C市E区接受过政府购买居家社区养老服务老人的调研，有85.89%的老年人接受过餐饮服务，22.21%的老年人接受过家政服务，对于专业康复护理、健康管理、心理慰藉等多层次养老服务，老年人接受的比例均不足1%（见表4-5）。

表4-5 政府购买居家社区养老服务项目中老人实际服务接受情况

选项	小计	比例（%）
餐饮服务（如买菜、做饭、喂饭等）	2131	85.89
家政服务（钟点工、房间打扫等）	551	22.21
生活照料（理发、沐浴等）	43	1.73
专业康复护理（医疗、保健等）	8	0.32
维修服务（如家电、管道维修等）	0	0
健康管理（如慢性病防治等）	4	0.16
法律援助	0	0
心理慰藉	8	0.32
紧急救援	1	0.04
其他（请说明）	50	2.02
本题有效填写人次	2481	

资料来源：2019年C市E区"政府购买居家养老服务"评估项目。

项目开展4年中，C市E区政府每年投入资金约500万元，用于服务辖区内4000余位高龄老年人，而调研数据表明，接受服务的老年群体中仍有78.75%的老人表示不愿意花钱购买"对自己生活起居或身心健康有益的社会服务"。政府作为服务的购买者与规划者，始终未能有效引导和改善老年人对居家社区养老服务的购买意愿及固有的消费习惯，居家社区养老服务的供给仍具有局限性。

居家养老服务企业难以获得政府资助之外的盈利，面临自主发展受限的问题。我国的养老服务业兼具公益性与市场性，服务企业作为营利主体，其自主性与积极性必然受到影响。当前，一般性的社区居家养老服务企业基本上由家政企业或餐饮企业发展而来，难以开展有利于引导老年人消费的多元化养老服务。服务供给的单一化与去专业化，致使老年人对服务的消费意愿低下且满意度不高。从老年人对服务的评价上看，21.01%的老人觉得居家社区养老服务一般，有6.97%的老人对服务的提供表示不满意或非常不满意，65.69%的老年人表示满意（见图4-1）。而在进一步访谈中可以发现，老年人对服务的满意及认可仅源于政府免费为其提供了助餐等服务，而非源于居家养老企业所提供的服务本身。

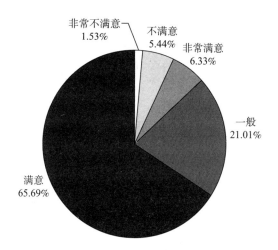

图 4-1　老年人居家社区养老服务满意度情况

资料来源：2019 年 C 市 E 区 "政府购买居家养老服务" 评估项目。

部分服务企业在缺少政府提供的场所、资金等支持的条件下无法独立开展服务活动，因政府购买项目断档而停摆。如 C 市 JQ 居家养老服务中心运营的持续性仅依靠政府的政策扶持；YJ、ZX 等居家养老服务中心目前的营收均主要来自政府购买的服务项目，而未能形成面向市场的长效发展机制；XS 居家养老服务中心由于 2019 年未能承接政府购买项目而持续亏损。2012 年民政部发布意见指出，要 "采取政府补助、购买服务、协调指导、评估认证等方式，鼓励各类民间资本进入居家养老服务领域"[①]，但从目前居家社区养老服务的发展来看，政府与服务企业还未能有效实现合作共赢的居家养老服务供给模式。

[①] 《民政部关于鼓励和引导民间资本进入养老服务领域的实施意见》，中国政府网，http:// www.gov.cn/zhengce/2016-05/22/content_5075659.htm。

第五章

问题起源：正式制度与非正式制度变迁的不平衡

对于当前我国社会养老服务发展所面临的问题，其在制度层面的根源是在发展过程中相关的正式制度与非正式制度的不平衡。我国社会养老服务的发展是在体制转轨与社会转型的复杂历史变迁框架中进行的，且由于养老服务本身所具有的互动性与情感性，其转型必然受到制度变迁延续性所带来的深刻影响。诺思指出，历史的重要性不仅在于人们能够从中获取知识，还在于种种社会制度的连续性将现在、未来与过去联结在了一起，现在与未来的选择是由过去所形塑的（North，1990）。只有在制度演化的话语中，才能理解现存的制度结构与社会矛盾。因此，需要将社会养老服务发展置于动态的制度演化体系中理解其在当下所面临的问题，从制度构成及其变迁机理角度深入剖析社会养老服务供需失衡的发展困局。

第一节　中国社会养老服务正式制度的演进

从制度层面解析我国社会养老服务发展问题的根源，需明确社会养老服务正式制度的演进特征。通过对新中国成立以来我国社会养老服务政策发展历程的详细全面回顾，依据政策推行的具体内容将其划分为养老服务的社区化转向、社会化服务体系的建立及社会养老服务的多元发展三个阶段，继而从制度变迁角度阐释当前社会养老服务发展问题的根源。

一 养老服务的社区化转向（1983~2005 年）

我国养老服务社会化供给在计划经济时期仅存在于救济补缺层面，主要实行以家庭作为福利传导载体的养老服务机制，国家在户籍管理、单位制等政策环境下，间接地为家庭养老提供了外部制度支持。改革开放以来，市场主导个体的流动，家庭养老服务功能由于就业、居住结构变动受到削弱，体制转轨致使福利传递及文化传承的载体形式发生改变，传统的再分配机制受到冲击。同时，社会福利与社会救济概念逐渐被区分开来，福利服务的对象由特殊困难群体逐渐转为面向全体社会成员，社会福利整体趋于社会化、社区化，养老服务也呈现社区化的政策发展转向。

1982 年，中国老龄问题全国委员会成立，于 1983 年印发了《关于老龄工作情况与今后活动计划要点》，国家通过退休制度、医疗卫生等政策保障老年人的健康生活。该计划首次提出开展社会化养老服务的具体内容，包括建立老年人活动中心，开设老年人家庭病床、日间照料公寓，在公园等公共场所、街道等基层单位为老年人提供专门的活动场所与公共服务[1]。1989 年民政部提出开展社区服务是社会福利工作的改革与发展方向。一些社区、街道已初步实现服务的系列化与网络化，为提升老年人身心健康水平，要逐步开展属地化服务[2]。民政部印发的

---

[1] 《中国老龄问题全国委员会印发〈关于老龄工作情况与今后活动计划要点〉的通知》，110 法律法规网，http://www.110.com/fagui/law_33420.html。

[2] 《全国城市社区服务工作经验交流会议纪要》，110 法律法规网，http://www.110.com/fagui/law_96620.html。

《全国城市社会福利事业单位深化改革工作座谈会纪要》中倡导社会服务社会办，注重自我积累与发展，推行多样化的有偿服务。社会服务仍存在效率不高、设施条件差、服务人员素质偏低等问题，需探索符合中国实际的社会福利制度①。

1992 年，改革开放进入新的发展阶段，民政部发布了《关于加快民政工作改革开放步伐的意见》，指出要推进民政工作的社会化发展，加速建立和完善社会保障体系，使其配套于经济建设与经济体制的改革。同时，民政事业单位要"立足服务，扩大开放"，走产业化的发展道路，建立以有偿服务为主、有偿与无偿服务结合的福利服务机制。社会福利院要"进一步扩大向社会开放，提高服务水平，增加服务项目"，敬老院要发展院办经济，以实业补事业，逐步建立农村老年人服务中心。将社区服务发展与第三产业开放相结合，为经济建设、经济体制改革服务②。

1993 年，民政部办公厅印发的《社会福利业发展规划》指出社会福利既是社会保障的一部分，也是第三产业的组成部分。社会福利事业存在国家投入少、覆盖面小、管理落后等问题，在人口众多且经济落后的条件下，要进一步坚持社会福利社会化的发展方向，以适应社会主义市场经济发展③。1994 年，民政部、国家计委等部门提出要不断壮大社区服务志愿者和社会工作者队伍，通过培训提高专业化水平④。同年，《中国老龄工作七年发展纲要（1994—2000 年）》出台，指出要坚持家庭养老与社会养老相结合的原则，建立适合我国国情的国家、社区、家

---

① 《全国城市社会福利事业单位深化改革工作座谈会纪要》，110 法律法规网，http://www.110.com/fagui/law_96697.html。

② 《民政部关于印发〈关于加快民政工作改革开放步伐的意见〉的通知》，法邦网，https://code.fabao365.com/law_170710_1.html。

③ 《民政部办公厅关于印发〈社会福利业发展规划〉和〈殡仪服务业发展规划〉的通知》，法律快车网，https://law.lawtime.cn/d614989620083.html。

④ 《民政部、国家计委等部门关于加快发展社区服务业的意见》，法律快车网，https://law.lawtime.cn/d617198622292.html。

庭、个人相结合的社会养老保障体系①。

我国自 1999 年开始进入老龄化社会，21 世纪初期养老服务政策数量明显增多，立足于社区逐步建立健全养老服务的社会化保障体系。2000 年，《中共中央 国务院关于加强老龄工作的决定》明确提出要加强社区建设，依托社区发展老年服务业，进一步完善社区为老年人服务的功能。退休人员要逐步与所在单位相脱离，由社区组织管理和服务，要充分发挥社区组织在老龄事业发展中的积极作用，努力形成设施配套、功能完善、管理规范的社区老年服务体系。同时指出老年服务业的发展要走社会化、产业化的道路，逐步形成政府宏观管理、社会力量兴办、老年服务机构按市场化要求自主经营的管理体制和运行机制。② 在此背景下，财政部、国家税务总局发布了对政府部门、社会力量兴办老年服务机构的税收优惠政策。民政部等十一部门明确，要大力推进社会福利社会化，社会福利发展要与社会主义市场经济体制相适应，探索社会化管理路径，使各类社会福利机构能够自主经营、自我发展③。2001 年，民政部发布的《"社区老年福利服务星光计划"实施方案》提出建设立足社区小型分散的老年服务设施和活动场所。

二 社会化服务体系的建立（2006~2011 年）

2006 年，《关于加快发展养老服务业的意见》首次提出建立以居家养老为基础、社区服务为依托、机构养老为补充的服务体系④。2008

---

① 《国家计委、民政部、劳动部、人事部、卫生部、财政部、国家教委、全国总工会、全国妇联、全国老龄委关于印发〈中国老龄工作七年发展纲要（1994—2000 年）〉的通知》，110 法律法规网，http://www.110.com/fagui/law_353943.html。
② 《中共中央 国务院关于加强老龄工作的决定》，110 法律法规网，http://www.110.com/fagui/law_3194.html。
③ 《国务院办公厅转发民政部等部门关于加快实现社会福利社会化意见的通知》，110 法律法规网，https://www.110.com/fagui/law_4487.html。
④ 《国务院办公厅转发全国老龄委办公室和发展改革委等部门关于加快发展养老服务业意见的通知》，中国政府网，https://www.gov.cn/xxgk/pub/govpublic/mrlm/200803/t20080328_32528.html。

年，全国老龄委办公室等部门指出，居家养老服务要坚持社会化的发展方向，积极培育居家养老服务组织，加强专业化与志愿服务相结合的服务队伍建设①。党的十七大确立"老有所养"目标，党的十七届五中全会提出要"优先发展社会养老服务"。

在此背景下，国务院出台《社会养老服务体系建设规划（2011—2015年）》，推动加快社会养老服务体系建设。该规划在以居家为基础、社区为依托的社会养老服务体系建设的基础上，将机构养老调整为"支撑"的服务供给角色，指出在严峻的老龄人口结构下，加强社会养老服务体系建设任务繁重。截至2010年底，全国各类收养性养老机构已达4万个，养老床位达314.9万张。到2015年，要基本建成可持续发展的社会养老服务体系，按照"9073"格局要求，每千名老年人养老床位数达30张，居家社区的养老服务网络基本健全。明确要以社区日间照料中心和专业化养老机构为重点，充分发挥市场资源配置的基础性作用，同时注重公办养老机构的基础与保障性作用②。

三 社会养老服务的多元发展（2012年至今）

2012年以来，各项政策逐步推行放开养老服务市场，以提升社会养老服务数量与质量，同时确保基本养老服务供给的均等化。这一时期政策内容关注于长期照护、护理服务体系建设；推进医疗卫生、中医药与养老服务相结合；实现智慧健康养老等多元化养老服务的创新发展，以实现健康老龄化的发展目标，社会养老服务呈现多元发展的态势。

2012～2015年，政策鼓励民间资本由"进入"到"参与"养老服

---

① 《关于全面推进居家养老服务工作的意见》，中国政府网，https://www.gov.cn/zwgk/2008-02/25/content_899738.htm。

② 《国务院办公厅关于印发社会养老服务体系建设规划（2011—2015年）的通知》，中国政府网，https://www.gov.cn/zwgk/2011-12/27/content_2030503.htm。

务业发展，并对税费政策、人才保障、规范参与等方面做出明确规定
（见表5-1）。同时，将养老服务市场化的供给主体扩展至外商投资，为
有效促进市场及政府在养老服务领域作用的充分发挥，商务部、民政
部、教育部等多部门出台政策，推动建立社会养老服务机制，旨在通过
政策的推行使社会力量逐步成为养老服务的供给主体。这一时期养老
服务领域开始转变社会福利配套于经济发展的政策理念，基本公共服
务、养老服务均等化等政策重新强化了政府的福利再分配职能。

表 5-1　2012~2015 年养老服务政策

年份	文件名称	内容
2012	《民政部关于鼓励和引导民间资本进入养老服务领域的实施意见》	鼓励民间资本参与提供基本养老服务
2013	《国务院关于加快发展养老服务业的若干意见》	2020年建成以居家为基础、社区为依托、机构为支撑的规模适度、覆盖城乡的养老服务体系
2014	《关于鼓励外国投资者在华设立营利性养老机构从事养老服务的公告》	在华独立或与中国公司、企业合作等举办营利性养老机构
2014	《关于开展养老服务和社区服务信息惠民工程试点工作的通知》	基本公共服务均等化
2014	《关于建立健全经济困难的高龄、失能等老年人补贴制度的通知》	基本养老服务均等化
2015	《关于推进医疗卫生与养老服务相结合的指导意见》	医疗卫生与养老服务相结合
2015	《民政部　国家开发银行关于开发性金融支持社会养老服务体系建设的实施意见》	运用开发性金融的理论和方法推动社会养老服务机制形成
2015	《关于鼓励民间资本参与养老服务业发展的实施意见》	民间资本参与居家、社区、机构养老服务及养老产业发展
2015	《中医药健康服务发展规划（2015—2020年）》	中医药与养老服务结合，探索中医健康保障模式

资料来源：法律之星官网。

2016年，养老服务市场全面放开，推行供给侧结构性改革。2017
年提出健康老龄化的概念，"从生命早期开始，对所有影响健康的因素

进行综合、系统的干预，营造有利于老年健康的社会支持和生活环境"，推动养老服务由单一的疾病诊疗拓展至整个生命周期以及覆盖全面的健康服务。同时开展智慧健康、中医健康等多元化的便捷、优质养老服务，政策上逐步体现出对老年群体的优待与关注（见表5-2）。

表5-2　2016~2019年养老服务政策

年份	文件名称	内容
2016	《国务院办公厅关于全面放开养老服务市场提升养老服务质量的若干意见》	供给侧结构性改革，进一步放宽准入条件，引导社会资本进入
	《养老服务体系建设中央补助激励支持实施办法》	为养老服务体系建设确定中央预算内投资重点建设任务与激励支持办法
	《关于支持整合改造闲置社会资源发展养老服务的通知》	深化"放管服"改革，利用闲置社会资源举办养老服务设施
2017	《关于制定和实施老年人照顾服务项目的意见》	突出重点，适度普惠
	《国家中医药局发布关于促进中医药健康养老服务发展的实施意见》	符合条件的中医药健康养老服务享受相应政策扶持
	《关于加快推进养老服务业放管服改革的通知》	降低养老服务业创业准入制度性成本，简化优化养老机构审批手续
	《国家卫生计生委等部门关于印发"十三五"健康老龄化规划的通知》	服务体系转向生命全周期、健康服务全覆盖
	《工业和信息化部、民政部、国家卫生计生委关于印发智慧健康养老产业发展行动计划（2017—2020年）的通知》	创新慢性病管理、居家健康养老服务模式，建立智慧健康养老标准体系
	《民政部办公厅、国家发展改革委办公厅关于确定第二批公办养老机构改革试点的通知》	养老机构管办分离，以公建民营等方式委托社会力量参与运营
	《国家卫生健康委员会等部门关于印发促进护理服务业改革与发展指导意见的通知》	形成覆盖急性期诊疗、慢性期康复、稳定期照护、终末期关怀的护理服务格局
2019	《国务院办公厅关于推进养老服务发展的意见》	探索"物业服务+养老服务"模式，打造"三社联动"机制，实施"互联网+养老"行动
	《国家发展改革委等部门关于印发〈加大力度推动社会领域公共服务补短板强弱项提质量促进形成强大国内市场的行动方案〉的通知》	推进基本公共服务均等化、普惠化、便捷化；非基本公共服务市场化、多元化、优质化

续表

年份	文件名称	内容
2019	《国家卫生健康委办公厅关于开展"互联网+护理服务"试点工作的通知》	医疗机构以"线上申请、线下服务"模式为主提供护理服务
	《国家卫生健康委员会、中国银行保险监督管理委员会、国家中医药管理局关于开展老年护理需求评估和规范服务工作的通知》	规范开展老年护理需求评估和服务，精准对接护理服务需求

资料来源：法律之星官网。

2020～2024 年，养老服务领域政策内容进一步细化，围绕我国社会养老服务发展中的重点环节出台相应政策文件（见表 5-3）。包括在医养结合服务中，明确医疗卫生机构与养老服务机构签约合作的服务内容与合作方式；建立健全养老服务综合监管制度，加强质量安全与从业人员监管，促进养老服务的高质量发展；制定与落实基本养老服务清单，并开展综合平台的试点探索；针对养老服务人才缺乏的问题，加强养老服务人才队伍能力与制度建设；对于我国养老问题突出的农村地区，加强农村养老服务网络建设，提升农村养老服务质量与组织保障。2024 年，国务院办公厅出台《关于发展银发经济增进老年人福祉的意见》，进一步推动我国养老服务事业的"产业化"发展，并开启了我国经济社会发展各领域产业"适老化"的政策进程。

表 5-3　2020～2024 年养老服务政策

年份	文件名称	内容
2020	《国家发展改革委、民政部、财政部关于印发〈养老服务体系建设中央补助激励支持实施办法〉（2020 年修订版）的通知》	以"国家重大建设项目库"中前一年度项目调度进展为依据，选出养老服务体系开工率排名靠前的 10 个省份（东部地区 2 个、中西部地区 8 个）给予资金激励
	《民政部办公厅关于分区分级精准做好养老服务机构疫情防控与恢复服务秩序工作的指导意见》	分区分级精准防控，稳妥有序开放服务，采取有效措施支持养老服务机构渡过难关
	《住房和城乡建设部等部门关于推动物业服务企业发展居家社区养老服务的意见》	补齐居家社区养老服务设施短板，推行"物业服务+养老服务"居家社区养老模式

年份	文件名称	内容
2020	《民政部办公厅、财政部办公厅关于开展居家和社区养老服务改革试点工作总结推广改革试点典型经验的通知》	提升居家和社区养老服务品质，实践上引导服务创新
	《国家卫生健康委办公厅、民政部办公厅、国家中医药管理局办公室关于印发医疗卫生机构与养老服务机构签约合作服务指南（试行）的通知》	签约医疗卫生机构安排医疗卫生人员上门；养老服务机构设置分院或门诊部，医疗卫生人员常驻机构提供医疗卫生服务；养老机构探索内设医疗卫生机构
	《国务院办公厅关于建立健全养老服务综合监管制度促进养老服务高质量发展的意见》	明确监管重点，落实监管责任，创新监管方式，明确养老服务综合监管相关部门的职责分工
2021	《民政部办公厅 财政部办公厅关于组织实施 2021 年居家和社区基本养老服务提升行动项目的通知》	中央专项彩票公益金支持项目地区为经济困难失能和部分失能老年人建设家庭养老床位、提供居家养老上门服务
	《民政部 市场监管总局关于强化养老服务领域食品安全管理的意见》	全面履行主体责任，强化监督管理责任，推进社会共治
	《民政部 国家开发银行关于"十四五"期间利用开发性金融支持养老服务体系建设的通知》	重点支持居家社区机构养老服务网络建设、智慧养老服务发展及养老服务人才队伍建设
	《国务院关于印发"十四五"国家老龄事业发展和养老服务体系规划的通知》	建立基本养老服务清单制度，建设普惠养老服务网络，强化居家社区养老服务能力
2022	《民政部办公厅 财政部办公厅关于做好 2022 年居家和社区基本养老服务提升行动项目组织实施工作的通知》	发挥项目示范带动作用，形成可复制、可推广的居家社区养老服务有效模式
	《退役军人事务部等 6 部门关于进一步做好移交政府安置的军队离休退休干部养老服务工作的通知》	形成党领导下的部门协作、社会参与、家庭支持、个人作为的军休干部养老服务新格局
2023	《中共中央办公厅 国务院办公厅印发〈关于推进基本养老服务体系建设的意见〉》	制定落实基本养老服务清单，建立精准服务主动响应机制，完善基本养老服务保障机制，提高基本养老服务供给能力，提升基本养老服务便利化可及化水平
	《民政部等部门关于加强养老服务人才队伍建设的意见》	拓宽养老服务人才来源渠道，提升人才素质能力，健全人才评价机制，重视人才使用管理，完善人才保障激励措施
	《民政部办公厅 财政部办公厅关于开展 2023 年居家和社区基本养老服务提升行动项目申报和组织实施工作的通知》	引导专业优质资源投入居家和社区基本养老服务，鼓励在设施建设、机构培育、人才培养、服务创新等方面进行积极探索

续表

年份	文件名称	内容
2024	《国务院办公厅关于发展银发经济增进老年人福祉的意见》	发展民生事业，解决急难愁盼；聚焦多样化需求，培育潜力产业
	《民政部 国家数据局关于组织开展基本养老服务综合平台试点的通知》	养老服务供需精准对接，养老服务行为全流程智慧监管
	《关于加快发展农村养老服务的指导意见》	加强农村养老服务网络建设，提升农村养老服务质量水平

资料来源：法律之星官网。

第二节 C市社会养老服务的发展历程

在对我国社会养老服务正式制度变迁梳理的基础上，本书基于J省C市社会养老服务的具体发展历程对其问题进行分析，阐释制度变迁过程中社会养老服务发展相关正式制度与非正式制度不平衡的形成。通过对服务主体与老人的调研，及对社会养老服务实践的参与，本书直观地了解当前J省C市社会养老服务相关政策规划执行的真实情况与现实条件，从而详细地解析社会养老服务实践中出现的问题。

一 机构养老服务的发展历程

新中国成立之初，C市主要实行以家庭作为福利传导载体的养老服务机制，辅之以民政部门主导的救济型社会养老服务。在计划经济体制下，在城市实行单位制，充分就业、住房分配、单位福利性托幼机构、灵活的请假与休假等制度安排客观上降低了个体照料老年人的机会成本，国家福利保障机制为家庭养老服务提供了间接制度支持。同时，严格的户籍管理、粮食统购统销制度限制了人口流动，维持了家庭作为养老服务提供主体的稳定性，这一时期再分配的主体主要由个人与家庭构成。20世纪50年代末，城市"三无"老年人的养老问题日益凸显，福利院逐步建立，开展救济型的机构养老服务。在农村，针对基本丧失劳动能力、无子女和生活来源的老人提供五保制度性供养，采取集中或分散供养的形式，吸纳五保户进入敬老院或委托抚养人照料老年人的晚年生活。这一时期的社会福利与社会救济概念等同，统称为救济福利事业。

直至 70 年代末，民政部明确了为老服务要求，社会福利由单纯的社会救济转向了福利服务的提供。但社会福利的本质特征仍未能得到充分体现，C 市直接推行的养老服务政策覆盖人群与服务内容非常有限。总体而言，计划经济体制下各项政策安排为家庭养老提供了适宜的外部环境，这一时期个体对家庭养老的选择与外部政策结构相契合，人们可以用较低的成本实现符合自身观念和意识的自由选择。养老服务以家庭为载体，自然实现并完成代际交换式的抚育及赡养传统，社会养老服务仅存在于救济补缺层面。

市场化改革以来，社会福利与社会救济概念逐渐相区分，福利服务的对象由特殊困难群体逐渐转为面向全体社会成员，养老机构的数量及服务覆盖人群近年来持续增长。据 JT 养老机构院长访谈：

> 养老机构以前是归民政部门管理的，叫敬老院，是民政局设立的单位。还有一个现在叫救助服务站，那是干什么的呢？比如说有乞讨的、要饭的，因特殊情况吃不上饭的，到某个地方去了，钱包、各种证件都丢了，补办不了的，就在那里（救助服务站）吃顿饭，那里供吃供住，还帮忙介绍工作。但是现在来讲，像咱们这个是民营的养老机构，也是营利性的机构，也得挣一部分钱，因为咱们有这些员工，需要发薪水。（SD-JT 养老机构院长-20200603）

截至 2015 年末，C 市城区已有各类养老机构 324 家，床位数 22492 张。其中，公办养老机构 4 家，床位 1010 张；民办养老机构 320 家，床位 21482 张。为全面提升机构养老服务质量，C 市进一步加强公办及民办养老机构的建设与扶持。2017 年，J 省民政厅发布《J 省养老机构管理实施办法》，指出在服务管理上，养老机构应提供满足老人居住条件的住房，自理、部分失能老人房间不超过 4 张床位，失能老人房间不超过 6 张床位；服务队伍方面，护理员与入住老人按自理老人 1∶16、半失能老人 1∶8、失能老人 1∶3 配备；法律责任方面，明确服务场地、人员配备、服务行为不符合标准或失范情形下的相应处罚办法，规范养老机构管理。近年来政策助推养老机构市场化、标准化运营，机构养老服务质量逐渐有所提升，在 C 市从事养老服务行业多年的护理楼长反馈：

> 你看我是五年前就从事这个行业，马上干六年了，之前是做育婴师的。五年前的条件就不如现在，现在咱是越办越好。以前，养老院环境差，卫生等各个方面都没有现在好。但是你看现在，走在这层楼走廊上，闻不到那种怪味，尤其像二楼和三楼，都住着卧床的老人，都在床上拉、尿、吃、喝。这（楼层）现在住着三十位老人，五个一线护工、一个勤务、一个值夜班的，总共七人，算我八个人。白班是早 6 到晚 6，夜班是晚 6 到早 6。我负责每天交接班工作，每个房间、每位老人，就是看都有什么病情变化呀，有什么要注意的呀。不过现在来说乡镇的养老机构条件还是不行，医疗差距太大。（TJ-JT 养老机构楼层长-20200702）

2017 年 C 市十部门联合印发《关于 J 省养老机构管理实施办法》，要求养老机构从设施环境、心理健康、服务团队、紧急处理程序等方面加强建设，对不同状况的老人实行分类照顾，满足其养老服务需求，并投入 7000 余万元对 15 个农村社会服务中心进行升级改造，提升农村机构养老服务水平。为优化社会养老服务供给，C 市在全国较早出台了养老服务放管服文件，2018 年 8 月，C 市人民政府办公厅出台了《关于全面放开养老服务市场 提升养老服务质量的实施意见》，提出加快推进养老服务供给侧结构性改革。同年，C 市 J 开发区建立具有 800 张床位的福利院，以改善"三无"老人的服务条件，并通过政府带动、政策激励的方式扶持民办养老机构发展，吸引社会资本投入近 10 亿元。

2018 年 C 市提出完善养老机构的运营补贴政策，将原非营利性养老机构一次性建设补贴、运营补贴合并为综合运营补贴，在全国率先落实养老机构补贴由"补砖头、补床头"向"补人头"的转变。截至 2018 年末，C 市各类养老机构达 353 家，床位数共 38302 张。为保障失能人员医疗照护保险服务范围和水平，满足参保人护理服务需求，截至 2024 年 4 月，C 市确定 YK、YS 等 139 家养老机构为医疗照护保险定点服务机构，在养老机构内开展医疗照护服务。机构养老服务建设呈现供给主体多元化、服务设施完善化以及医养服务资源结合的发展态势。

二　居家社区养老服务的发展历程

近年来，在政府政策支持下居家社区养老服务的发展受到广泛重视，老年人居住在家中由社区提供服务支持及老人在社区中接受的服务活动，成为政府和社会力量共同关注并持续探索的重要养老服务方式。J 省 C 市的居家社区养老服务实践于 2014 年全面展开，内容逐步涵盖社区中的老年活动、居家老人的上门服务以及农村地区的居家老人邻里互助服务。

（一）社区养老服务

C 市老年人居家养老服务支持起源于社区，最初主要以活力老年人为服务对象，开展一般性的娱乐服务活动。新中国成立以来，城市中的单位虽为个体福利保障的主要载体，但其保障性制度主要涵盖住房分配、子女教育等福利领域，对老年群体的保障仅为退休后的经济支持，在老年群体服务方面的福利处于空缺状态。长期以来，城乡老年人的居家照料供给主体主要为家庭内部成员，近年来以居家社区为基础的社会养老服务实践逐步展开。据 JS 社区书记访谈：

> 这项服务还是从社区这块儿开始的，最开始的时候，我们社区开展服务主要是从老年人的精神文化生活入手的，没有引进社会组织这么专业的居家养老服务。我们主要是注重文艺团体组建，因为我们跟电视台的互动也比较频繁，通过他们进行老年人才艺展示或通过他们的《大爷大妈有话说》栏目，让他们对老年人参加的这些活动进行报道，然后激发老年人参加社区老年活动的兴趣，这是在 2015 年前后吧。
>
> 那个时候吧，对专业的养老服务的认识还不是特别深刻，但是也有。那个时候咱们专业的居家养老服务机构也比较少，所以那个时候我们还没说像现在考虑引进社会组织。但社会组织的引入确实是切入点，在精神文化生活方面，我们举办活动，给老年人创造这样的机会和舞台，让他们表演，提升他们的自信心。（SJR-JS 社区书记-20200929）

2016 年在政府购买服务的支持下，社会组织开始进入社区为老年人提供多元化养老服务。如 JD 社会工作服务机构于 2016~2017 年在 TL 社区开展老年慢性病相关服务；2018~2021 年在 JS 社区支持下，开展了为期三年的居家社区老年社会工作服务项目；2019 年至今扩大服务范围，在 CY 区、LY 区、JY 区的多个社区开展老年社工服务。作者于 2016 年开始参与 JD 社工服务机构开展的养老服务项目，根据 JS 社区老年人反馈：

> 以前 YQ（单位名称）有个老工人活动室，还有一个老干部活动室。没有现在在家里和社区的这些活动服务。
>
> 现在呢，比过去真是改变得太多了。（社会）特别照顾这些老

年人。再加上建的一些老年人活动室，就像这个活动室，经常给我们一些小礼品。每次 JD 社会组织来都给礼品，不管大小，主要是体现了对老人照顾的思想，调节人们的社会交往。其实，谁也不差几袋米、几罐蜂蜜，你也不能靠它过日子是不是！还有其他的私人和社会组织，都到这里来开展活动，有的银行、超市、幼儿园也来开展活动、表演节目。咱们这个社区一般比其他社区活动还丰富一些。（GCH-JS 社区老年人-20200829）

（二）居家老人社区支持服务

在老年人居家的服务支持上，2013 年 11 月，J 省政府邀请 5 家企业共同研究适合本省的居家养老服务模式。YC 集团凭借居家养老"定制化"服务概念，被选定为承接 J 省居家养老"定制化"服务试点工作。2014 年，按照《J 省人民政府关于加快养老服务业发展的实施意见》《J 省民政厅关于印发养老服务工作试点方案的通知》相关要求，积极构建"9073"养老服务格局的战略部署，E 区作为省市养老工作先进单位，承接 J 省居家养老"定制化"服务项目，即"100 元服务券"项目。首批居家养老"定制化"服务试点地区为 E 区 RG 街道 LD 社区、FA 社区、DZ 社区，试点取名为"YC 幸福里"助老之家（简称"幸福里"）。2014 年 9 月，在省市民政部门、当地政府及社区的大力支持下，E 区 LD 社区的"YC 幸福里"助老之家正式开展服务。

为实现"可复制"的目标，C 市 E 区又于 2015 年 8 月选定 5 个社区用于定制化项目的推广。5 个社区分别为 DS 街道 XW 社区、YD 街道 XK 社区、BL 街道 TH 社区、JL 街道 AL 社区、CQ 街道 JG 社区。2016 年 6 月，新选定的服务点全面开业。为使 E 区户籍 80 周岁及以上老年人全部享受改革成果，E 区政府将居家养老"定制化"服务项目的服务资金纳入财政预算，补贴标准调整为每人每月 100 元。在具体服务内容上，收费的服务种类包括餐食服务、家政服务、理疗保健服务、个人卫生服务和照料服务，例如助餐、助洁、助浴、助行、助医等生活照料服务；免费的服务种类包括法律援助、专家诊疗、老年课堂、讲座、文娱活动、电话慰问、心理咨询等，提供电话问候（每日 1 次）、上门问候（每月 4 次）。服务商与辖区内的 80 岁及以上老人签订服务协议，并按季度向 E 区政府上报老年人服务协议。截至 2019 年 5 月，E 区居家养老"定制化"服务点共 6 个，该项目现已停止。

此外，2018 年 C 市民政局发布了《关于规范政府购买居家养老服务工作的通知》，各城区民政局、各开发区社会事业（发展）局实施政府购买居家养老服务券项目。项目的服务对象为具有 C 市城区、开发区户籍，并实际居住在城区范围内的符合条件的老年人，包括 60 岁及以上的特困人员、失独家庭老人，城市低保家庭中的重度残疾老人，重点优抚对象老人，最低生活保障家庭、低保边缘家庭中的空巢老人，曾获市级以上劳动模范荣誉称号的空巢老人，失能和失智老人，80 岁及以上的空巢老人。政府补贴标准为每人每月 200 元，以养老服务券的形式发放，服务内容包括生活照料、助餐服务、助浴服务、助洁服务、洗涤服务、助行服务、代办服务、康复辅助、精神慰藉、助医服务、应急服务以及日间照料服务等。服务标准参照《C 市社区居家养老服务指导标准》执行，该标准对各类养老服务的基本内容、服务要求进行了较为具体的规定，如生活照料的基本内容包括个人卫生护理、生活起居护理，服务要求为洗漱等个人卫生协助到位，容貌整洁、衣着适度、指（趾）甲整洁、无异味。

项目资金由 C 市政府购买居家养老服务管理平台每月以电子形式充值，通过微信公众号平台实现各项养老服务的递送，即老人在各区养老服务中心微信平台下单，由社会组织上门进行服务（见图 5-1）。超支部分由其个人承担，政府养老服务补贴资金仅用于老年人购买养老服务，不允许提取现金。资金来源由 C 市和各区两级财政按照 1：1 的比例匹配。服务对象实行动态化管理，结算方式依据 C 市政府购买居家养老服务管理平台提供的数据，按照服务机构对辖区内服务对象所产生的服务费用进行核算。

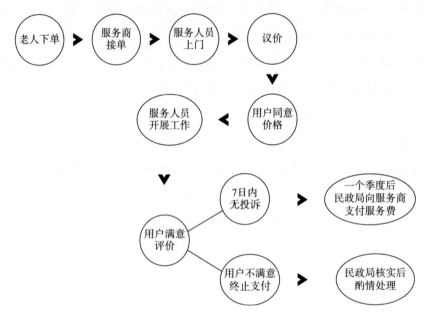

图 5-1　政府购买居家养老（200 元券）服务

资料来源：2019 年 C 市 E 区"政府购买居家养老服务"评估项目。

（三）居家养老邻里互助服务

同时，农村地区近年来开展了居家养老邻里互助项目。根据 2016 年印发的《关于进一步加强脱贫攻坚工作的意见》，为补齐农村养老服务短板，C 市农村地区开展邻里互助养老服务项目。自 2017 年，C 市为农村居家困难老人购买居家养老服务。如 E 区 YJ 镇 HJ 村于 2017 年 4 月开始开展农村邻里互助的居家养老服务项目，以基层老年协会组织为依托，通过服务项目的开展，使贫困村中符合条件的居家老年人获得家务料理、生活照料、上门送餐、康复保健、紧急救援等方面服务。农村居家养老邻里互助服务的对象涵盖 60 岁及以上失能失智老人、孤寡失独老人，80 岁及以上特困老年人。

2018 年共有 507 位符合条件的老人被列为服务对象，全年政府投入资金 121.68 万元。2018 年 9 月，C 市民政局为探索建立健全农村养老关爱服务体系，在总结以往农村开展居家养老服务经验的基础上，发布了《C 市农村居家养老邻里志愿服务项目实施方案》。到 2020 年，已在全市 7 个县（市、区）的 146 个贫困村中，为 1312 位建档立卡的贫困老人开展了居家养老邻里互助服务。

这些在贫困村中建档立卡、年满 60 岁老人的居家养老服务志愿者，主要是通过村委会监督、村老年协会组织招募参与的服务人员。居家养老服务志愿者与服务对象居住在同一村屯，且在健康状况方面具备照护服务对象的能力。由县（市、区）两级按 1∶1 比例匹配项目服务资金，以每人每月 200 元标准给予志愿者服务补贴，居家养老邻里互助志愿者需为困难老人及时提供邻里间互助性服务。

居家养老邻里互助服务内容包含"两访、四查、四助"服务："两访"，即每天两次走访受助老年人家庭；"四查"，即要查看老年人在家中吃、穿、住、医四个方面；"四助"，即根据老年人需要，提供助餐、助洁、助医、助难四个方面的服务。其中，"助餐"即须在特殊情况下代为做饭或送餐，保证老人每餐都能按时吃；"助洁"即须保证服务对象个人穿着、住房整洁，每月不少于 2 次，每季度拆洗一次被褥；"助医"即须在老年人出现突发身体不适等情况下提供紧急救援服务，及时买药或尽快联系医生进行治疗、陪护就医等；"助难"指对老年人生活中出现的困难及时帮助解决，如房屋家具的简易维修、运送取暖烧柴、清除冬季院落及道路积雪等服务。

第三节　正式与非正式养老服务制度变迁的不均衡

我国社会养老服务正式制度演进主要以理性和效率为前提，由国家和社会集体设计而形成。基于对 C 市社会养老服务的发展历程的了解，近年来在政府与社会力量的推动下，居家社区与机构养老服务已展开多种类型实践。但长期以来，社会养老服务制度的变迁，忽视了我国以孝亲为基准的道德规范与人伦文化对个体选择的影响，忽略了制度层面变迁的渐进性与连续性对人们行为的规范及约束。由此，政策规划等正式社会养老服务制度与来自习俗的传统、惯例等非正式养老服务制度间便产生了制度间的张力，正式制度被"锁定"在低效甚至是无效率的状态，形成制度变迁过程中制度内部结构的不平衡。

一　非正式养老服务制度的时滞性

在制度变迁理论看来，制度的变迁是渐进且连续的，其根源就在于社会中非正式制度的嵌入。正式制度虽是非正式制度的基础，但很少直接影响个体的行为选择。具体说来，在社会养老服务制度变迁的进程中，正式制度虽易于变革，但持存于儒家文化、亲伦道德中的传统家庭养老价值规范、老人节俭的消费习惯等非正式制度却依然具有顽强的生存韧性，仍深刻约束着老年人及其子女对社会养老服务的选择。因此，养老服务非正式制度演化的时滞性产生了社会养老服务制度变迁中的锁入（lock-in）效应。

（一）家庭养老文化传统及思维惯性

计划经济体制下，我国实行以家庭作为福利传导载体的养老服务机制，国家福利保障机制为家庭养老服务提供了间接的政策支持，严格的户籍管理、粮食统购统销政策致使人口流动受限，从而维持了家庭作为养老服务提供主体的稳定性。此时的社会养老服务仅存在于救济补缺层面，政策用于保障城市"三无"老人及农村"五保"老年群体，通过设立福利院、敬老院或委托赡养人来照料老人的晚年生活。这与家庭养老的传统相符合，社会养老服务的供给根据需求而定，并不存在供求不对称的问题。

改革开放以来，随着社会主义市场经济体制的建立，以及借鉴国外社会养老服务发展的经验，养老服务主体在政策体系中逐步发生转变。20 世纪 80 年代以来，伴随老龄化程度的加深及社会结构的变动，发达国家在不同福利体制之下各自开展了多主体的社会养老服务供给改革，以缓解人口老龄化带来的社会矛盾。21 世纪初期，养老服务社会化发展趋势逐渐凸显。由此，我国社会养老服务的正式制度安排与家庭养老服务的非正式制度之间产生了制度的不平衡。

具体说来，养老服务领域非正式制度的形成和变迁具有长期性与延续性。在我国传统文化中，始终贯穿着"养儿防老"的伦理思想以及"养老送终"的行为规范，将养护照顾老人视为子女不可推卸的责任与义务，并在正式制度上通过法律强制执行，不履行这一义务则会受到伦理道德和法律制度的惩戒。封建社会统治者在意识形态上不断推崇伦理纲常，赋予老年群体政治地位和特殊权力以构建巩固统治的政治伦理秩序。养亲、敬亲、送亲构成人伦之孝的基本意涵，作为一种正式制度的延伸，内化为处理代际关系的规范与准则延续至今（李文祥、赵紫薇，2021）。据养老机构负责人访谈：

> 就是在思想上有压力，他们才不去（养老机构）的。有的老人自己不去，他说我不能去养老院，我去养老院，那别人不得笑话我儿子呀！他是这么想的。或者说，这些人对养老机构有偏见，都说养儿防老啥的，去养老院就是不孝，基本上是这种。（LXF-JT 养老机构负责人-20200920）

而更为深层的逻辑是，家庭内部代际抚育赡养双向互动的传统影响着个体的行为选择。刻意的政策安排难以改变非正式约束的重要原因之一是此种非正式约束仍能解决家庭成员间亲情式的基本交换问题。在家庭核心化、中国式个体化进程中，社会成员对家庭提供养老服务的意向性仍未发生改变，家庭作为社会中最基本单位在代际抚育、赡养上发挥重要作用，形成并延续双向互惠的代际交换模式。即使部分老年人在社会结构变迁与子女分居的现实背景下能够逐渐接受机构或居家的社会养老服务，接纳外人为其提供照顾护理，子女却仍会将形式上的照护父母视为应尽的孝义（李文祥、赵紫薇，2021）。据 C 市老人子女的访谈：

> 我一直住在 C 市，感觉现在的养老体系越来越完善了，相应的政策支持也比较充足了。在照料老人的问题上，（我）平常工作确实比较忙，但还可以顾及家庭。我不会送他们去养老机构，会和他们一直住在一起，让（老人）在家里安享晚年。我对居家社区和机构服务这方面不是特别了解，因为现在一直和父母住在一起，不打算选择什么养老机构，也不接受这种养老服务。（KJ-BL 社区老人子女-20200724）

根据养老机构服务人员反馈：

> 老年人入住得先看其经济条件，每个月自费 1240 元，然后是看其身体状态，我们有身体健康评估、体检，通过之后才能入住。
> 还有就是（老人）想来，但家属不让。因为有的老人的家属觉得，你们去养老院，外人可能觉得我不孝顺，这样的情况挺多。好多人来询问，问完就走了。但是在这里多好啊，吃饭时有护理员帮助，吃完饭之后打麻将、打扑克、溜达，有的老人还打台球。自己在家多没意思啊。好多老人确实来问，有的就是因为家属不让来。（WH-YZ 养老机构服务人员-20190720）

在 C 市服务设施条件等较好的医养结合养老机构也存在同样的问题，据 YD 养老机构护士长访谈：

咱们家的医养结合是什么呢？楼下就是医院，四楼到八楼是养老区，二楼就是体检区，三楼是医疗区，从九楼往上是住院部。门诊就在那边，如果长者有什么事儿的话，我们第一时间就会送下去。而且这个养老区，我们也介入了医疗。因为如果直接（把老人）送下去的话，有时候会来不及，所以我们每一个楼层都会有护士。

现在咱们中国人的想法，就是觉得把长者送到养老院就是不孝，子女会这样想。所以就把长者留在家里，其实子女都已经照顾不了了，无论是生活上还是医疗上，他们其实都已经照顾不了了。但是他们就是有那种想法，不会往这儿送。（WXH-YD 养老机构护士长-20210228）

由此可见，作为一种社会规范与自我施加的行为准则，家庭伦理重心由年长一代转移到年轻一代，下行式家庭主义盛行（阎云翔，2017），由社会制裁约束而形成的行为规范与行动者内部实施的行动准则影响个体的选择，非正式约束使"反馈模式"深植于中国社会当中。由于非正式制度变迁的时滞性，处于社会转型期的人们仍以此前的信念体系与社会条件为依据进行个体行为选择。尽管国家不断出台各项政策推进社会养老服务的发展，但老年人及其子女对养老方式的选择却仍以传统的家庭养老为主。

根据 C 市 2016 年、2018 年所开展的老年人口抽样调查数据，大部分老人依然倾向于家庭养老。2016 年期望家庭养老的老人占比为73.6%，2018 年选择居家社区养老、机构养老服务的老人比例有所增加，但受访老人当中仍有 9323 人选择家庭养老，占比为 68.72%（见图 5-2）。

2020 年 C 市开展的老年健康服务调查老年人问卷中的数据显示，有 41.81% 的老年人认为养老责任由政府、社会、子女及老人共同承担，

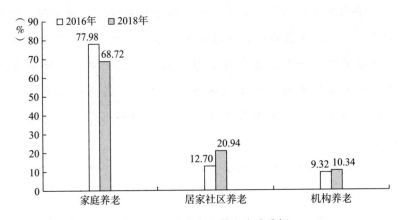

图 5-2 C 市老年人养老方式选择

资料来源：《C 市老年人口及老龄事业发展蓝皮书（2017）》《C 市老年人口及老龄事业发展蓝皮书（2019）》。

24.46% 的老年人认为养老责任应由子女承担，认为养老应由政府承担的老人占 16.17%，11.05% 的老人觉得养老主要由老人自身负责，6.51% 的老年人表示养老需由社会负责。可见，老年群体对于其自身养老责任承担主体的认可范围较为宽泛（见图 5-3）。而子女问卷中的统计数据则显示，有 43.37% 的子女认为养老责任应由子女承担，48.12% 的被访子女认为养老需由政府、社会、子女及老人共同承担，5.94% 的被访子女认为养老需由政府承担，1.19% 的被访子女认为养老的责任主体为社会，认为养老需由老人自身承担的被访子女仅占 1.39%（见图 5-4）。相比而言，子女比老年人更倾向于养老的家庭照料护理。

在社会养老服务实际的接受情况上，选择机构养老的老年群体大部分是半自理或完全不能自理的老人，家庭无法为其提供照料护理。有部分老年人在自理能力较差的身体状况下，老年人及其子女依然会选择家庭照护的方式，而老年人在家中易面临更多的疾病、伤害等风险。据养老机构负责人及院长对入住老年人基本情况的反馈：

不能自理的老人，家里人也照顾不了他（才来养老院）。能自

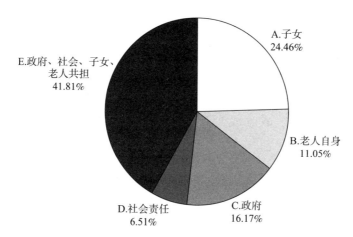

图 5-3　C 市老年人对赡养责任主体的选择

资料来源：2020 年 C 市老年健康服务体系建设研究项目。

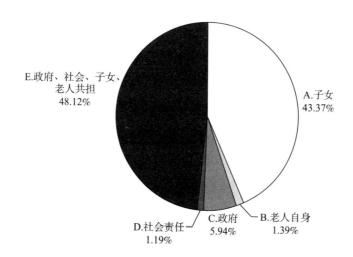

图 5-4　C 市被访子女对赡养责任主体的看法

资料来源：2020 年 C 市老年健康服务体系建设研究项目。

理的，他自己有意识，也不来。家里人实在是照顾不了了，整个人
处于半失能或者全失能状态了，根本无法照顾。儿女也不能不上班
照顾他们呀，每个人都得生活。（LXF－JT 养老机构负责人－
20200920）

入住老人情况有好多种，有的是老人想来，子女不愿意送；有的是子女想送，老人不愿意来；有的是子女又想送，老人又愿意来；还有就是老人不想来，子女也不想送。确实现实情况就是这四类。比较多和复杂的情况就是，现在北方人的观点，就是说，他认为我是儿子啊，我把我父母送到这个养老院来，人们就会说我不孝、不尽孝之类的。

在家自己照顾老人，比如这个老人是个男的，把照顾他的老伴儿累够呛。儿子起早贪黑，儿媳妇也起早贪黑，把这三个人都累够呛，结果老人还没被照顾好。还有的情况是，这个老人他有病卧床了，老太太照顾他，结果累得突发心脏病，老太太离世了，这个卧床的老人倒没什么事。这些都是我接触到的，都是真实的案例。

在家确实照顾不好不能自理的老人，国家非常重视这种情况。家庭照护毕竟不专业，比如说需要几点换尿不湿，他（家属）认为溻一会儿再换。但在我们这里只要尿湿了我们就换，尿了就换，知道吧！它是不一样的。就是我们经过专业训练、专业培训，知道怎么样照顾什么样的老人。而且家里人认为，我在家照顾老人我只要用心，我尽孝了，我就是照顾好老人了。可是他去睡觉了，这边他（老人）长褥疮了，或者说有别的病了，或者缺氧了之类的，怎么办。就是这个观念还没有转变过来，阻碍了老人享受照顾护理服务。（SD-JT 养老机构院长-20200603）

家庭养老的非正式制度深刻影响老年人及其子女的选择，而此种社会行为规范与自我施加的行为准则影响下的个体选择，却只能在非正式制度的语境中才能得到解释。在家庭养老的文化传统及思维惯性下，即使社会养老服务正式制度与服务供给不断发展，且家庭内部已难以为老年人提供周全的照料护理，老年人预期寿命延长同时伴有疾病风险，家庭照料难以回应老年人的康复照护需求，但子女和老年人依然排斥社会的养老服务，将社会养老服务视为不得已的选择。据社区工作人员访谈：

> 有些老人不愿意入住养老机构，因为他们的观念还是比较传统的。其实，很多老人的子女工作都挺忙的，老人的自理能力又比较差，住养老机构其实是最合适的养老方式。但有些老人就是宁愿在家里凑合，也不愿意去养老院养老。（LXM-FA 社区工作人员-20201107）

可见，在家中缺乏生活照料或仅靠家庭成员难以提供符合老年人康复护理需求照顾的情形下，老年人及其子女即便选择降低对晚年生活的预期，也多会排斥社会养老服务。2020 年 C 市老年健康服务调查数据显示，有 52.66%的居家老人主要照顾者为配偶，自己照顾自己的老人占 27.02%，由子女照料的老人占 18.15%（见图 5-5）。从居住情况上看，只和配偶共同居住的老人占 53.45%，独居老人占 14.20%，和独生子女同住的老人占 16.96%，与多子女中的一个同住的老人占 13.02%[①]。统计数据表明，目前大部分居家老人仅从配偶或自身处获取并实现晚年生活的日常照料，且由独生子女照料老人的家庭居多。

尽管计划经济时期家庭可以用低成本赡养老人，相关制度设计契合国民传统的家庭养老，而今家庭的养老成本已经迅速提升，但在人们的认知中已将社会养老的服务对象视为无子女可依靠的老年群体，或其子女存在不孝顺的行为（李文祥、赵紫薇，2021）。由此，家庭养老非正式制度变迁的时滞性阻碍了老年人对社会服务的使用。

（二）社会养老服务消费模式的固化

从我国消费思想的整体发展脉络上看，"黜奢崇俭"始终是人们消

---

① 资料来源：2020 年 C 市老年健康服务体系建设研究项目。

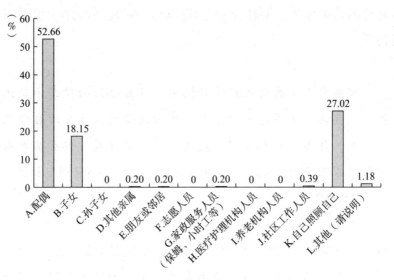

图 5-5　C 市居家老年人主要照顾者

资料来源：2020 年 C 市老年健康服务体系建设研究项目。

费观的核心理念（管吉哲，2013）。尽管在不同的社会发展时期，节俭的传统消费理念具有不同的执行标准与作用功能，但崇尚节俭的基本惯例与戒除浪费的自我管理准则却始终延续，成为人们长期遵循的惯例约束与生活准则。历史上，战国以后的封建社会正统思想中主要提倡"黜奢崇俭"，即强调封建社会中不同等级的人应有不同的消费标准，底层贫民更应安贫节俭，甘愿忍受封建统治者的剥削奴役。统治者企图以此限制消费，进而阻碍工商业的发展，以达到维护封建自然经济、巩固封建统治的目的。在传统社会中，崇俭的消费价值观根深蒂固并具有明显的教化功能。而作为一种传统美德，在节约资源与自我约束等维度，"崇俭抑奢"的价值理念具有其存在的社会合法性。据史书典籍记载，"俭，德之共也；侈，恶之大也""常以俭得之，以奢失之""君子以俭德避难"等。由此，"尚俭戒奢"的思想作为一种传统价值观绵延千年而仍具规范个体行为的约束作用。

　　不仅如此，新中国成立初期我国实行"重生产、轻消费"的社会发展机制。一方面，为发展重工业而减少直接消费品的供应，在国家的发展计划安排中，对消费品生产的投资比重远低于重工业投资比重；另一方面，由于新中国成立初期仍是资源匮乏的农业国家，而发展资本密集型的重工业所耗物资较多，因而必然需要采用抑制消费的辅助性政策以推进重工业的生产，统购统销的政策使得国家抑制消费的规划得以执行（张美君，2015）。然而作为原有正式制度的延伸，即使当前政策及实践重视社会养老服务的发展，老年人却依然持有保守消费的价值理念。

更为关键的是，老年人历经物质资源匮乏时期，尽管当前物质资源不断丰富，老人自己及其家庭的经济条件已得到显著改善，但老年人的传统消费习惯并未改变，保守消费模式的特征与痕迹在老年人对社会养老服务购买意愿及消费行为上体现明显。在制度变迁理论看来，这是由于社会成员连续存在于相继的两个时期，在度过前一个历史时期后，处于后一时期的社会成员仍会依靠前一历史时期存在于头脑中的意识及信念解读现实世界。换言之，社会成员当前的心智模式基于过往体验和经历而形成和稳固。而在制度变迁的过程中，受制于非正式制度的稳定与变迁的延续性，人们的心智模式相对固化，导致正式制度安排陷入低效的状态。

具体来说，在社会养老服务发展过程中，老年人传统的消费理念的革新，滞后于社会养老服务规章政策等正式制度的变迁，以此种理念为基础的固化的消费模式直接体现在老年群体的社会服务购买意愿与消费行为上。对于 C 市接受居家社区养老服务老年人的调查数据显示，对老年人"生活起居或身心健康有益的社会服务"，仍有 78.75% 的老年人表示除了免费提供的服务外，并不愿意花钱购买（见图 5-6）。

老年人对于养老服务方式的选择及其消费模式，与老年人的生活经历紧密相关。对于饮食、健康管理等方面的实际需求不仅受经济状况制约，更会因整个生命历程的体验而固化。据 HJ 村居家老年人的访谈：

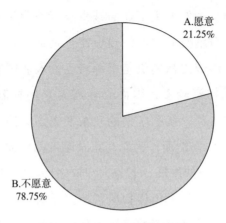

图 5-6　老年人购买服务意愿

资料来源：2019 年 C 市 E 区 "政府购买居家养老服务" 评估项目。

> 哪有人照顾，岁数大了就得上养老院。我们这一代和你们不一样，思想不一样，还有生活方式、环境都不一样。吃饭啥的都无所谓，树根草皮都吃过，多有多花，少有少花。（HYH-HJ 村老人-20191103）

可见，由于经历过物资匮乏时期，老年人的生活消费方式以节俭为主要原则。且老年人群体当前日常消费多集中于食品类等生活支出，2020 年 C 市老年健康服务体系建设研究项目调查数据显示，有 85.01% 的老人主要消费支出为食品支出，其次是看病就医方面的支出，再次是水电费等生活支出，而文娱旅游、雇用保姆等服务型的消费类别则很少成为老年人群体的主要开销（见图 5-7）。老年人对所需养老服务的消费行为往往持消极态度，据养老机构服务人员反馈：

> 有的老人不愿意在这方面花钱，住这儿（养老机构）还得花钱，这确实是一方面。老年人觉得，哎呀，一个月在这里花这些钱，还不如在家，在家买菜，不点儿钱儿就够了。（WH-YZ 养老

机构服务人员-20190720）

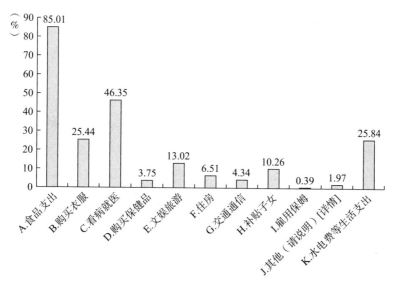

图 5-7　老年群体主要消费类别

资料来源：2020 年 C 市老年健康服务体系建设研究项目。

显然，消费观念的相对保守抑制了老人享有社会养老服务的可能性，相应地，老人获取多种类社会服务的空间受到挤压，其生命质量也难以得到真正意义上的提升。而社会养老服务正式制度安排也因此仅滞留在政策目标的层面，未能发挥其实然作用。

二　社会养老服务正式制度的不完善

社会养老服务正式制度的不完善导致相关非正式制度难以随之变迁，制度间冲突长期存在而未得到有效解决。由于非正式制度的形成具有自发性与长期性，当正式制度的变迁与习俗惯例、文化观念、伦理价值等非正式制度相悖时，政策规划等正式制度安排就难以有效形塑和规范社会成员的行为选择，尤其是在正式制度尚未完善的条件下。而长期以来，我国社会养老服务政策主要基于理性和效率的发展目标而设计，服务的规划与评价体系存在行政化问题，相关正式制度安排未能与养老服务非正式制度相契合且尚未完善。这就导致正式制度的变迁难以发挥其应然的约束作用，社会成员依然以非正式制度作为其行动选择的真正指引。

（一）理性与效率导向型的政策安排

改革开放以来，随着社会主义市场经济体制的建立，以家庭为福利传递机制的外部制度环境发生变动，使家庭的养老功能逐渐弱化，这种改变直接促动多主体供给社会养老服务的正式制度的形成。然而，在发展主义的社会治理理念下，社会养老服务的政策规划旨在辅助社会经济与个体的发展，养老保障正式制度安排主要基于为市场经济发展提供配套支持的目标而设计。这种理性与效率导向型的政策安排忽略了来自习俗的非正式家庭养老服务制度变迁的延续性，直接导致社会养老服务发展中正式制度与非正式制度不平衡的产生。

具体来说，自我国市场化改革开启以来，社会养老服务正式制度的变迁主要为经济发展提供配套的政策支持而形成。长期以来我国社会治理以发展主义为指导思想，社会政策在很大程度上附属于经济发展的目标和框架，主要服务于促进经济增长的发展需要。养老服务供给主体的多元化政策安排主要为适应市场经济环境下人口的自由流动、就业与家庭结构的变化，以理性和效率为前提不断演进。且自1991年以改革社会养老保险、待业保险制度为重点的"八五"计划提出以来，我国社会保障制度改革以社会保险为主导思路，淡化了国家的服务供给角色与功能。而养老保障中的养老服务更因无法直接作用于经济增长，长期被置于边缘化的社会福利范畴。在社会结构变动下，老年群体的层次性服务需求无法得到满足。

由于一国的养老服务制度，既是国家和社会以理性为核心、以效率为目标进行集体设计的产物，也是蕴含人们自发形成的、与价值理念相关的非理性的行为选择；既指能够在一夕间变迁的政策规划等正式制度安排，又涵盖深层次支配人们行为的价值观念、习俗惯例等非正式约束。如果仅将养老服务制度变迁简单等同于单一的正式规章政策的改变，无疑只能从表象层面解释社会养老服务的发展问题，而难以触及其实质性根源。

（二）路径依赖下行政化的指标体系

社会养老服务正式制度的不完善还在于政策规划的指标制定过于行政化，缺乏专业化、家庭式养老服务供给正式制度安排。受政府长期以来在政策制定过程中的思维惯性与行政惯习的影响，社会养老服务的政策规划、评价指标等存在行政化问题，政府未能基于专业性、家庭式的服务供给设计相应的服务规划与评价体系，回应老年人的切实服务需求。

自 2006 年国务院办公厅转发的《关于加快发展养老服务业的意见》[1] 中首次提出建立居家养老、社区服务与机构养老的服务体系以来，2011 年国务院提出将在"十二五"期间，增加养老床位 340 余万张，改造 30%现有床位达到建设标准[2]。福建省出台的《养老机构护理服务规范》指出养老院护理员和老年人的总配比不应低于 1∶10[3]。2019 年民政部提出，到 2022 年，实现养老机构护理型床位占比不低于50%，社区日间照料机构覆盖率达 90%以上，社区配套养老服务设施建设达标率达 100%[4]。2018 年印发的《C 市人民政府办公厅关于全面放开养老服务市场提升养老服务质量的实施意见》指出，到 2021 年底，

---

[1] 《国务院办公厅转发全国老龄委办公室和发展改革委等部门关于加快发展养老服务业意见的通知》，中国政府网，https://www.gov.cn/zhengce/zhengceku/2008 - 03/28/content_6372.htm。

[2] 《国务院办公厅关于印发社会养老服务体系建设规划（2011—2015 年）的通知》，中国政府网，http://www.gov.cn/zwgk/2011-12/27/content_2030503.htm。

[3] 《福建省出台养老护理服务标准 业内称执行有点难》，福州新闻网，http://news.fznews.com.cn/dsxw/2013-9-18/2013918PKxVKzP2HH1678.shtml。

[4] 《民政部关于进一步扩大养老服务供给 促进养老服务消费的实施意见》，中国政府网，http://www.gov.cn/xinwen/2019-09-23/content_5432462.htm。

全市养老服务床位要达 5 万张，其中护理型床位比例不低于 30%，70%
以上的行政村建立养老服务设施和站点，居家社区养老服务覆盖率
达 100%①。

长期以来，我国机构养老与居家社区养老服务的规划发展，主要以
床位数、护理人员数量、服务设施建设等指标作为衡量标准，具体服务
的评估则主要以助餐、家政服务人次等作为绩效考评的指标，量化、行
政化的考评指标的制定，已成为政府衡量社会养老服务发展的重要方
面，容易导致养老服务资源的浪费与实践开展的形式化。

专业化的社会养老服务供给是实现服务发展的重要前提，然而量
化、碎片化的服务标准制定与老年人所需深层次的专业化、家庭式养老
服务供给不相符，导致政策规划无法有效指引服务实践的深入发展，且
难以规范服务主体的服务实践行为，切实回应老年人及其子女对社会
养老服务的需求与期待。根据主要负责居家社区养老服务 JS 社区副主
任的反馈：

> 社区工作人员的意识一定要强化，就在我们这儿也有（服务
> 意识不强的）。
> 我们这里经常有社会组织来做一些活动，因为我主要负责社
> 区老年服务工作，工作上要求每次活动都得留张照片，证明活动开
> 展了，难免会存在形式主义。（QYX-JS 社区副主任-20200922）

由此，迫于完成量化与碎片化操作指标的压力，养老服务机构与社
区必然形成重完成指标而轻服务方法的行动逻辑，社会养老服务在具
体实践中则呈现了单一化、高展现与形式化的发展态势，忽略了老年人
对专业化、家庭式养老服务的深层次需求。这种行政化的指标体系导致

---

① 《长春市：关于全面放开养老服务市场提升养老服务质量的实施意见（长府办发〔2018〕53
号）》，养老机构政策网，http://www.yanglaocn.com/shtml/20180917/1537176685116269.html。

社会养老服务相关正式制度安排难以发挥其应然功能，影响社会成员对社会养老服务的认同与接纳，而使非正式制度依然成为人们行为的真正指引。

三　社会养老服务实践的"去家庭化"

由于社会养老服务正式制度安排仍不完善，居家社区与机构养老的服务呈现"去家庭化"的实践样态，社会养老服务未能切实满足老年人的情感服务需求。当前的居家社区与机构养老服务即便在形式上与来自家庭的服务相同，也难以实现来自家庭的服务功能，服务供给类别的局限性及"类家庭情感"的缺失，无法满足老人的家庭情结与子女的孝亲情结，而会遭到老人及其子女的排斥（李文祥、赵紫薇，2021）。

（一）养老服务供给类别的局限性

现阶段社会养老服务内容较为单一，机构及居家社区养老服务主要为老人提供助餐、助洁等基础性服务，仅停留于满足部分老年群体基本生存需求层面，而未能满足老年人的深层次服务需求。据养老机构及居家社区养老服务负责人的访谈：

> 养老机构护理员可能年纪稍微大一些，他们只做照顾工作。打针、吃药上都有医生、护士。他们（护理员）做的事情挺少的，就是给老人翻身、洗脚，把老人推出来溜达，推到大厅里。让老人看看电视，做做手指操。像换床单被罩这些工作，都由保洁人员做，他们就是负责把老人照顾得干干净净就行了。（LH-YS养老机构管理者-20200928）

> 以前发动过社会组织时常去探望老人，但服务效果不是很好。政府购买服务主要是打扫卫生，从卫生方面来看老年人都比较满意，但从医疗角度来讲没有专业的服务。而且，老年人还有其他生

活方面的需求，但现在这项服务的内容还比较有限。（TL-ST 社区书记-20200921）

KL 社区人口总量 19260 人，老年人口数量达 8135 人，老年人口占 42%，老龄化问题严峻。咱们现在居家社区养老服务其实还没开展起来呢！一般社区好像都没有开展起来，对吧？现在真正做的居家社区养老服务，就是进门去给老人做做饭、洗洗衣服。就是每月发放养老服务券，可以当钱用。（YFK-YY 社区副主任-20201106）

据养老机构中居住的老年人反馈：

我身体左侧瘫痪，患有脑血栓。我老伴儿患有滑膜炎，腿不好，我俩自理费劲。因为女儿工作忙，照顾不了我和我老伴儿，所以来到这里，这儿与我家就隔一条街。服务方面，有专人做饭、专人喂饭，不过我现在还不需要喂饭，有人给我们打扫房间。平常吧，我就在大厅，脱离轮椅靠墙站一会儿，要不就在屋里看看电视、听听广播。他们有打牌的，平时也没有太多的娱乐活动。其实，我希望残联之类的服务组织可以来人（帮我）做康复。（ZXQ-LX 养老机构老人-20200805）

从当前社会养老服务的实践上看，居家社区及机构养老服务种类单一，供给类别仍具有局限性。在经济利益交换原则之下，服务机构并未践行引导老年人逐步接纳社会服务的政策取向、满足老年人的结构性服务需求，不是提升服务质量、增加服务种类以促进养老服务市场的发展，而是随之减少服务的多样化供给以降低服务成本，使得社会养老服务的多样性大打折扣。机构养老服务难以满足老人切实的服务需要，居家社区养老服务领域则形成了当前"助餐+家政"简单化的服务模式。如 XF 服务企业的多家门店于 2014 年开始承接 E 区政府购买居家社区养老服务项目，而在"定制化"服务项目开展 4 年间，仅于 2015 年 8 月开展过以问卷调查为主要形式的大规模老年人的需求调研，且存在调查形式单一、精准性与专业性偏低等问题，难以真正了解老年群体潜在的服务需求。在服务实践中片面强调老人的餐饮服务需求，导致社会养老服务供给种类长期呈现单一化、局限性特征。

不仅如此，对接受过居家社区养老服务老人回访的数据显示，在政府购买居家社区养老服务项目开展过程中，服务企业还存在简单地以物品递送抵充服务供给的不合规行为。据 44.1% 的老人反馈，居家社区养老服务存在"只送东西而不送餐饭"的情况（见表 5-4）。

表 5-4　服务有没有"仅送东西而不提供餐饭"情况？

单位：%

选项	小计	占比
有	956	44.1
没有	1212	55.9
本题有效填写人次	2168	

资料来源：2019 年 C 市 E 区"政府购买居家养老服务"评估项目。

据接受服务老人的进一步反馈：

送过挂面，最开始每个月送 10 次餐，后来改成送 8 次，有时候送 7 次餐，再给一次挂面，相当于送 8 次餐。（BQF-E 区居家老人-20190909）

给送过挂面，如果这个月少送了一次饭，下个月用 3 袋挂面补齐。（WXY-E 区居家老人-20190909）

3个月给了9袋挂面。（GF-E区居家老人-20190911）

且调研数据表明，老年人对自身享有的居家社区养老服务项目情况并不了解。数据显示，接受过服务的老人中有76.75%不了解服务企业都有哪些服务项目（见图5-8）。

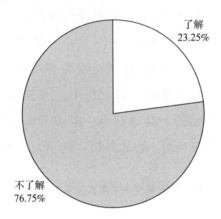

图 5-8 居家社区养老都有哪些服务项目您了解吗?

资料来源：2019年C市E区"政府购买居家养老服务"评估项目。

而"定制化"服务本身要求供给主体与服务对象间充分的信息沟通及反馈，但老年人对项目服务的基本情况了解模糊，服务企业并未对多元化的服务种类进行宣传，未能切实掌握并回应老年人的真实需求，给予老年人服务选择的空间。仅从服务供给角度片面强调简单化的老人餐饮与日常照料需求，减少服务成本并降低服务质量。在缺少动态与专业性的服务需求评估及信息反馈机制的条件下，老年人对深层次养老服务选择的空间受到挤压，服务项目未能实现"定制化"的预期目标。

（二）类家庭情感养老服务的缺失

在社会养老服务制度变迁进程中，服务实践的"类家庭情感"缺失难以满足老年人及其子女的家庭情结。受非正式制度变迁时滞性的影响，老年人及其子女即便选择降低对晚年生活的预期，也多会排斥社会养老服务，因为社会养老服务无法内含家庭情感，而当前的社会养老服务基本上也未被提供者赋予"类家庭情感"。于是，来自社会的养老服务即便在形式上与来自家庭的服务相同，也难以实现来自家庭的服务的功能，无法满足老人的家庭情结与子女的孝亲情结，而会遭到老年人及其子女的排斥。这才表现为社会养老服务供给的不足、低质与错位，以及部分老年人的收入来源不足、消费总量偏低且结构不合理的表象。但家庭养老传统只是排斥社会养老服务的一面，如果能够提供具有"类家庭情感"的社会养老服务，即在具体的为老服务实践中融入人文关怀，服务主体从人性化的角度重视老人的生命健康、多元需求及人格自由，给予老年人亲人般的关怀及尊重，那么有需要的老年人及其子女仍然能够认同社会养老服务。

然而，当前作为提供者的各种社会养老服务主体，受市场经济规则影响而选择利润最大化行为，并未对具有家庭亲情属性的社会养老服务予以足够关注。在养老机构的集体规制性与相对隔离化的管理下，老人入住养老机构不仅意味着居住空间的简单移位，更多的是家庭情感与依恋空间的丧失。机构与社区服务的干预易使老年人对自己日常生活的控制及自由度发生改变，老人难以适应新的外部环境对自身私密生活空间的挤压影响，因此会产生心理上的冲击。而部分养老服务机构存在服务态度较差与服务质量较低，甚至虐待、伤害老人的失范行为，导致老年人及其子女对社会养老服务产生信任危机与排斥心理。从目前 C 市居家老人对养老机构的普遍理解上看：

> 对于养老院，我就是从报纸上看到的，我没有亲自去考察，也听一些老同志说过，养老院现在都不太好。不太好的地方是啥呢？最重要的一点是他们是以赢利为主。这里面的设施也不行，对老人的服务也不行，有的还虐待老人，还让老人受苦。（大家的）反映挺不好的，我说实在不行我就上养老院去，人家说你可别去。就是

在一起聊天的老头说的，大多数是耄耋之人了。（GCH-JS 社区老年人-20200829）

中国人的传统观念当然是居家养老好。现在我们能自理，可能没考虑那么多。但是我们也到养老院去考察过，看过那些不能自理的（老人），老人去了真的就是等死了，太遭罪了！虽然我不能说都那样，但是也差不多啊！总的来说，我是不赞成去养老院，它的服务质量无法得到监管。

但是呢，你要说居家养老呢，现在也是个难题，我们现在能自理，一切都好说，真要是不能动的时候，现在一对夫妻养四个不能动的老人，那就是要孩子的命啊！真的我说的这都是实话，所以我现在就是不敢往后想，现在就过一天算一天。连想都不敢想，孩子也是不敢想的，不敢想这些事儿。（YLP-YY 社区老年人-20190624）

现在敬老院吧，是个发展方向，但是敬老院就得搞好，得特别好才行。为什么这么说呢？现在社会福利好，人们生活水平都提高了，老人们都苦了一辈子，他们都想找一个条件好点儿的养老院，服务态度好一点儿的。办养老院、幼儿园都是必需的，到什么时候老百姓都有这些需求。

现在来讲，养老院、医院、幼儿园是发展方向，但是这些机构的服务态度要好，真心真意地对待老百姓。哪儿的服务人员对老人好，老人高兴，在那里待着舒服，老人就去了。那如果就是花着钱，还不如意，还得受着罪，那还花啥钱呀，那在家遭罪呗，是不是！主要是得服务态度好，经营得好，对老人真心真意的，只有这样这个企业才能存在下去。如果不好好经营，赚黑心钱，那就不能长久！（LSQ-OC 社区老年人-20200730）

可见，当前社会养老服务的潜在需求不断增加，居家社区与机构养老服务的供给也随之逐步发展。但从老人所需的深层次情感性服务角度而言，服务仍存在严重缺失。据社区养老服务负责人反馈：

> 其实，所有的点综合到一起，就是居家社区养老服务没有真正走进老人的内心，应该是这样一种状态吧。他在这里能感受到家的温暖，这是现在我看来吸引老人的一种方式。高高在上服务不了老人。说白了，就是当他们的儿女，当他们的孙儿孙女，就是这样一种状态，就是服务老人要把他们真正当作家人。甚至在服务他们时，可能要比他们自己的家人更体贴。（对）自己家人可能会脾气不好，但是对他们（老人）不会，就是这样。（QYX-JS 社区副主任-20200922）

由此，尽管国家不断出台社区与养老服务机构向老人提供养老服务的正式制度，但由家庭向老人提供情感关怀的非正式制度会对来自社会的养老服务形成排斥。于是，新的正式制度与非正式制度之间便产生了持续性的张力，人们在选择养老服务时受非正式制度的影响，从而降低了正式制度变迁的绩效，出现了社会养老服务供求的现实问题。

第六章

社会养老服务发展的制度协调方式

当前社会养老服务供需发展问题在制度层面的根源，在于社会养老服务正式制度安排与家庭养老非正式制度间的不平衡，在于非正式制度变迁的时滞性与居家社区、机构养老服务实践"类家庭情感"的缺失。因而，摆脱我国社会养老服务供需发展的困境，应重视相关正式制度与非正式制度间的融合与均衡。从制度变迁的角度，立足于非正式制度建立社会养老服务正式制度安排，并通过相关正式制度的完善促动非正式制度变迁，以正式制度和非正式制度演变的一致性促动制度间冲突的消解。

第一节　立足非正式制度建立养老服务正式制度

制度的协调需立足于非正式制度，建立嵌入价值认同与经验习惯的正式制度安排。非正式制度来自人们自发形成的互动选择，是行为人自愿遵守和自觉实现的经验规则。在场域内长期的历史积淀中，已形成并延续了非正式制度对个体行为的稳定的制约，非正式制度已成为社会成员的内在的感性意识与价值认同，而具有难以替代的约束作用。因此，应对社会养老服务发展的问题，在制度层面上需以社会成员的感性认知与社会传统为基础，立足于家庭养老传统的非正式制度设计相应的正式制度安排。

一 调整养老服务政策规划制定取向

政策规划上应转变政府长期以来遵循的行政化的行为逻辑，以促进专业化服务、满足老人的家庭情结为养老服务政策规划的基本取向，设计深入且长效化的服务评价体系。同时推进建立需求导向型的养老服务政策，关注老人深层次的内心服务需求。

（一）服务供给评价指标的"去行政化"

社会养老服务政策规划中需推行"去行政化"的服务评价指标，路径依赖下政府推行的简单量化的服务指标规划，致使居家社区与机构养老服务实践陷入低投入、高展现与低质量的服务供给状态。这就需要转变以床位数、服务次数等作为简单量化服务供给的评价标准，关注深入化、长效化的服务对象满意度、社会服务消费量、空间设施利用率等全面评价体系的建立，并注重融入"类家庭情感"的服务供给，从深层次上满足老年人的家庭情结。

一方面，以专业导向型的服务评价指标与政策规划，促使养老服务机构提供深层次的养老服务。政府购买养老服务评价指标应基于服务的专业化与现实成效选取和评估服务主体，注重专业化养老服务的连续性、系统性特质，而非仅以经济效益、满意度或服务数量等简单化、碎片化的评价标准衡量机构资质及服务成效。当前，一般性的居家养老服务企业基本上由家政或餐饮企业发展而来，部分服务企业雇用兼职送餐、家政服务人员接单服务，因而仅能为老人提供基础性的助餐、助洁服务，政府购买居家社区养老服务也难以实现多元供给与深化发展的政策目标。养老机构照料护理人员专业化水平普遍偏低且流动性大，据养老机构负责人访谈：

机构护理员流动性挺大的，总走，就像农忙的时候，有的人可能就离职回家干活了。因为所有护理员，90%以上都是农村来的，没有城市户口。护理员不需要太专业，可以给老人喂食、帮老人翻身就行。但其实护理员是需要培训的，就是我们可以给他培训。他肯定不是专业的，就像医护人员（那样）。他就是护理员，护理员上岗前接受几天培训，合格了就能干。护理工在服务过程中总结经验，自己就能摸索出经验来。（LXF-JT 养老机构负责人-20200920）

因而在社会养老服务政策规划与服务评价体系设计上，应关注服务的专业化及长效发展的政策导向，以此引导服务机构在人员配置、服务种类等方面的专业性、长效性的服务供给，减少在行政化政策评价体系下，社会养老服务的床位与设施的空置等资源浪费现象。

另一方面，设计"类家庭情感"的养老服务评价指标体系。当前社会养老服务政策规划仅从宏观层面提出服务设施、人员数量、服务场次等方面指标的实现，这导致服务机构在实践中难以从微观层面关注老年人的家庭情结，由此直接导致社会养老服务发展中正式制度与非正式制度间不平衡状态的产生，社会养老服务发展面临供需失衡的现实问题。因此，应以老年群体的深层次的家庭养老传统为基础，建立契合老年人家庭情感的亲情与尊重式的服务评价体系。

（二）推进需求导向型养老服务政策

从目前 C 市所开展的社会养老服务实践来看，在政府购买居家社区养老服务项目与机构养老服务设施的建设中，养老服务发展路径主要基于自上而下的、供给侧导向型的"指定式"服务的提供，而未能真正从老年群体的潜在需要入手，满足老年人深层次的服务需求。对此，社区养老服务主要负责人表示：

现在主要还是从上到下的服务，就是我们针对老人的活动的开展，可能没有满足其内心真正的需求。这么说，他今天渴了，你非得给人送个面包，这肯定不行，对不对？如果他说渴了，你给他送瓶水，这也是满足了他的需求。这可能就是中间会有一些错误的认知吧，就是说服务的不是人家需求的。

我感觉在服务的设计和提供上，是一定要在社区待着。你就待一两个月去考察，真的考察好了之后，再去把所有积累的东西用到服务上，包括跟居民聊天的方式和了解到的需求。你若高高在上，那你永远做不好。你必须走到小区里，见到阿姨就问她需要什么，老人需要的才应该是你要提供的服务。（QYX-JS 社区副主任-20200922）

当前，政府在购买养老服务与服务设施建设中，缺乏对老年群体真实需求的考察与分析。仅从"应然"层面对机构养老服务、政府购买居家社区养老服务进行政策供给，或基于人口结构的变动片面强调养老床位数量与服务设施建设数量的增加。自上而下的社会养老服务政策的制定与推行，致使养老服务实践难以契合甚至忽视了老年人的真实服务需求，产生养老服务设施利用率低的供需问题。而老年人群体所需的情感性与多样性服务的缺失，导致社会养老服务无法深入其内心，难以获取老年人及其子女的认可，形成了制度变迁过程中相关正式制度与非正式制度间的不平衡。

因此，制度的协调应推进需求导向型社会养老服务政策的建立和完善，以老年人的家庭养老服务传统、生活消费习惯等非正式约束为基础，从老年人需求的角度为其提供亲情化、便民化的社会服务，并开展老人所需的健康型社会养老服务。如 JD 社工机构老年社会工作者在分析老年群体层次性服务需求的基础上，以感性的心灵层面的服务为基础，获得老年人的认可与信任，吸引老年人对服务活动的主动持续性参与：

　　我涉及的是关于心灵方面的，我们直接抓住老人孤独感的本质。最近我们搞任何一个活动，就像去YX社区，老年人都舍不得我们走，说下次你们一定还要来啊。

　　我们能精准抓住老年人的需求，有的偏心理学的，就是抓住老年人孤独感的本质，分析不同需求层次是怎么产生的。因为人与人之间、人和物之间的区别就在于感受啊，从感受这个点往下研究的话，就能找到老年人想要什么……感性是人活着的意义，而老人在这个时候，他一定要抓住自己生存的意义，因为他快要去世了。从服务来讲，就按我们这个社工站来讲，我们现在就开始推出这种服务，就是在每一个活动的设计中，都融入一些环节，帮助老年人找到自身存在的意义，（从而）引导老年人摆脱孤独感。

　　我们（开展的）活动，主要是抓住老年人的心灵，让老年人能够信任我们，信任产生了，就会形成更多的互动。当你满足了别人的需求，别人就会信赖你。而且真正触及心灵层面的专业性的老年社会工作服务，应该是一种很高端的服务方式，甚至是一种付费性质的服务实践。就是在我什么小礼物都不用的情况下，老年人都能来参与，而且觉得很受感动。

　　我觉得从心灵这个角度出发，将其和这种服务体系、社工站等的环境放在一起，我感觉这项服务以后一定会开展得很好，所以一直在尝试。在尝试过程中，我发现在心灵层面稍微给他们一点点帮助，就会非常吸引老人。其实每个人活着都是在证明自己是对的，证明自己的时候就没有消失感了，就不会那么孤独了。

　　我觉得真的能将此运用到现实生活中，我试了几次，就是借助社工站，实际效果特别好。但是挺累的，主要是机构活动也挺多，我感觉用一些就够了。这是一方面，另一方面就是国家把制度体系理顺了，然后稍微加进来专业社工的服务方法就可以了。现在主要是在体系方面还没理顺，我们这个活动也还没推广开。（JY-JD社

工机构老年社工-20200927)

可见，对于能够有效回应老年群体实际需要的社会养老服务，因老年人长期在精神、健康等维度照料护理服务的缺失，将会使其对来自社会的养老服务产生信任与依赖，从而助推社会养老服务的长效发展。而这就需要将社会养老服务相关正式制度作为支撑，即政策规划的制定需从老年群体的潜在真实需求出发，促使服务机构提供深层次、多元化的养老服务，以此提升政府为老年人买单行为的亲民度与有效性，增加老年人服务享有的自由度及获得感。

二 重视老年人及其子女感性意识行为

自改革开放以来，我国社会养老服务正式制度主要基于理性与效率的发展目标，由国家和社会集体设计而建立与演进。近年来，我国社会养老服务政策频频出台，而服务实践的供需失衡问题却始终未能得到根本缓解。这是因为在理性秩序下的社会养老服务正式制度变迁，忽略了老年人及其子女在感性意识支配下的价值偏好与行为约束。而在个体的实践行动中，感性选择是比理性选择更具有普遍性的选择方式，尤其是在基层社会成员的社会行动中，或在非专业的日常生活领域，感性选择更具有普遍而广泛的社会基础（刘少杰等，2012）。因而，社会养老服务正式制度的建立还应重视老年人及其子女稳定延续的感性意识与行为，重视习惯、习俗等感性的非正式制度对个体选择的支配性作用。

（一）融入传统家庭养老的亲情属性

社会养老服务正式制度的建立与完善，需融入传统家庭养老服务的亲情属性的感性化元素。理性主义认为，理性推论与数据计算形成的规划与秩序，能够有效规范社会成员的行动，但历史经验表明，基于理性设计的秩序的有效性通常是暂时性的，而真正能够稳定存在且实然指引个体行为选择的，是人们自发形成、长期积淀而来的感性制度。我国的家庭养老服务供给传统即源于人们自发形成的代际养育模式，延续千年而依然具有广泛和深刻的社会合法性基础。而当代家庭范围内的子女已无力为老人提供照料护理方面的服务支持，传统时代家庭养老给予老年人日常照料、精神慰藉、社会性发展等多维度需求的满足现今已不可复制。但老年人的结构性服务需求与家庭情结依然存在，此时老年人需要有其他途径获得养老服务，以替代家庭的照料护理。对于社会养老服务方式，一位老人认为：

> 老年人毕竟是越老越怕孤独啊！对不对？当然我现在还没想到这些呢，我还真没到那种需要上门服务，或者住在养老院的地步，因为毕竟现在自己能动呢！但是我觉得老年人主要是需要有人关怀，为什么说有些老人就是跟儿女住不到一起去？是这样的，人到老的时候怕孤独，他总是想做各种事引起儿女的注意，让儿女重视。其实这种行为适得其反，别人不认为他觉得孤独，需要儿女关心，而是认为这个老人在作，其实他是需要关爱的，这点很重要。我不知道我说得对不对啊！反正我是因为有这种体会，就是人到老了，怕孤独，希望儿女在跟前儿，需要有人关心他、有人来照顾他。（LSQ-KY 社区老人-20200801）

据社工机构老年社会工作者的服务经验：

> 有的老人身体不太好，从参与活动这方面来讲，老人是很喜欢参与活动的，比其他群体更喜欢参与这种活动。因为他们已经没有社会价值了，没有存在感了，没有认同感了，他们孤独。他们就是哪怕跟一个人在一起，你不说话，就站在他旁边，他都开心，所以他们那个工作也比较好做。反正人老了，本身就弱了，一旦弱了，就喜欢（跟人在一起）。有一些不愿意跟人在一起的老人，他们就是

太自卑了，或者他们害怕跟外界接触，那样外界的评价跟他们（自己对自己）的评价不就不统一了吗。（ZMJ-JD 社工机构社工-20200930）

从为老人提供照护服务的实际意义上看，社会化服务与子女的照料并无本质上的区别，社区与养老服务机构仅将老年照护的场域进行了延伸。但社会提供的养老服务却未能全然得到老人的接纳与认同，这就需要在社会养老服务正式制度设计中重视老人的感性意识，促使服务机构提供具有家庭的亲情化属性的为老服务。据社区老年社会工作者的服务经验：

就像那天你去的那个 OC 社区，那个蛋糕师迟到了半个多小时，我就先开始切入，让他们逐个自我介绍，互相认识。老人说，那你是谁呀，我就开始介绍，我是谁呢？我是政府派过来让你们摆脱孤独感，陪伴你们，让你们健康、幸福，能够乐活晚年的这么一个人。他们可感动了，我们要做的就是逐渐进入他们的那种感觉里。对于感觉、感受方面的需求研究，我觉得这是一个新的突破，我现在正在实践它。但在实践的过程中，我觉得这个是对的，方向是对的，我们就是在感觉这方面研究得太少了，未来的研究和服务真正要突破的还得是感觉这方面。（JY-JD 社工机构老年社工-20200927）

在养老机构中，老人对于亲情属性为老服务的需求更为明显，据XZ 养老机构中从事六年服务工作的楼层长反馈：

老人入住（养老机构）肯定会有不适应啊，遇到这种情况，就靠我们的亲情服务了。甚至我们一定要做到比他的儿女对他还好，这样我们才能征服他。他（老人）来到这种新环境，看见这些新面孔，肯定不舒服啊。但是通过我们的服务，一定让他认为，哎呀，我来对了，比我在家强多了。一个是我们不会排斥他，另一个是我们号召其他的老人，主动和他接触，让他融入这个集体。

比如说，他（老人）入住第一天，我就在谈话中了解到，他一方面感到孤独，另一方面是感到体力不支。再比如说，拿我们最近新入住的老两口来说，一个住在六楼，另一个住在我们这个楼层。在六楼那个是位失能的老人，另一个在我们这儿，他来了就说我伺候不了，我现在身体状况不行，我岁数大了，完不成这项工作，要找养老院来。但找养老院呢，又怕别人瞧不起他，又怕街坊邻居看不起他。

遇到这种情况，我们就要转变他的这种思想观念，现在不是以前那种情况了，又不是个人的小养老院，到哪儿都是脏兮兮的，我们首先要让他树立这种概念。其次，我们要理解他，比如说六楼的事情我管不了，但在我这个楼层，我要给他提供一些方便。比如说吃饭时，他要到六楼去喂他老伴儿，他就得有个适应的过程，怎么办呢？我就提前给他打饭，让他先吃，吃完之后饱饱的，高高兴兴地到六楼去喂他老伴儿去。如果他想先去喂饭呢，我就在这边先给他把饭打好，打完之后放到我们这个热水桶上，等老人回来再吃。

就举这一个例子，就把他（老人）感动得不得了，他说比我们儿女都强，我们儿女都没有这么照顾我的。之后我们就嘘寒问暖，就看他（老人）在哪方面，是精神上还是体力上有需要帮助的。如果他感到精神空虚的话，我们可以找他聊聊天，看看需要我们帮忙做什么。如果他在体力上有支撑不了的，我们还可以协助他。就是无微不至吧，只要你需要我们就马上到。

我给他们灌输这样的理念，你回去跟你们街坊邻居可以说，我给你拍照片，你可以给他们看。我们上养老院是去享受，不是因为儿女现在不养活我们了，我自己照顾不了自己了，然后才去（养老院）。我现在有这个能力，经济条件好，我一定得去享受，我在那儿是宾馆待遇。得有这个条件才能这样，条件不好的话我上不了这个养老院。所以说给老人树立这种思想，我在这儿很自豪啊，跟街坊邻居说，你看我们楼长给我拍的这个视频，你看我在这儿多好。就是说首先要给他们（老人）树立信心，别让他到这儿来有自卑感，这个非常重要。（WJ-XZ养老机构楼层长-20210302）

对此，养老机构董事长对老年人入住时的情绪状况与机构在服务上所需的必要回应问题表示：

我跟你说，上养老机构是老人的一道坎，你知道吗？他离开这个熟悉的环境，离开他所有的物品，他要走出来，其实是一种重生的选择，很难的。你比如说，老人自己选择养老机构的，他心里有思想准备，会好接受一些，容易走出来。但是呢，这些被子女送过来的老人，他们首先感到的是失落，其次就是心理压力比较大，觉得自己是子女的负担，被迫地认同，没办法，我只能认同。但是来的时候，他们对养老机构是完全抗拒的，这种完全的抗拒和排斥，是通过用心服务，才能一点一点感化的。

老人刚开始来，有很多不愿意吃饭。之后呢，他们抗拒工作人员，抗拒护理员，抗拒所有的东西。不能自理的老人来到这里的时候，不吃、不喝，因为他怕排便。再加上子女把他送到养老机构，离开亲人，你说他心里多难哪……但是呢，在我们每天与老人沟通啊，为老人服务啊，耐心地关怀老人，比如帮他洗脚，给他擦身，给他擦脸，给他喂饭，再细心地劝导他，这些都是我们的服务。所以入住到XX养老院的老人，很少有来了待不下去、往回走的情况，流失率很低。

进到我们院里之后呢，我相信你到这里来会有不一样的感受，大家见面都是和颜悦色的，有一种温馨的感觉。大家互相问好的时候，跟老人打招呼的时候，都是面带微笑，因为他们能感受到，包括孩子在内，如果你给他一种善意的表达的（服务）行为，他就会逐渐安静下来，安静下来后，他就会接受你的服务，这样逐渐地平稳后，他就能住下来。每次组织的员工培训也都在讲这个问题：做养老行业，我们要有平常心，像对待我们自己的父母一样去对待老人，那么你的服务就能做到位。我们倡导"将爱进行到底，让爱循环起来"，就是让这种关怀和爱，传递到老人的感受中、服务中，用善意去对待老人。（BSH-XX 养老机构董事长-20210304）

可见，在社会养老服务具体的政策设计中，应重视老年人的情感性体验，并以亲情化的社会养老服务政策降低社会成员的排斥感。将社会养老服务作为家庭养老照料的延伸，关注老年人的主体性，聚焦个体，从老年人心理的角度具体把握其感受性服务需要；引导社区及养老服务机构提供具有亲情属性的老年服务，在正式制度安排中融入情感性的社会支持，让老人感知到服务所具有的关怀和善意；建立为老人提供心理关怀、文娱活动的服务队伍，通过文化活动的专业引领加强老年群体的社会交往及社会参与，以实现老年人的自我价值及发展性需求。在家庭照料护理缺位的情形下，老年人能够获得具有可替代性的亲情化居家社区与机构养老服务，从而使老年群体逐步接纳来自社会的服务支持。只有立足于广大基层社会成员感性意识的社会养老服务正式制度安排，才能够发挥其变迁的实际作用。

（二）弱化反馈模式对养老服务的排斥

我国家庭内部代际抚育赡养双向互动的传统深刻影响着社会成员的行为选择，子代对由家庭为老人提供照料护理具有观念上的沿袭与稳定性，主要体现为社会规范与自我施加的行为准则的非正式制度，使代际反馈模式深植于中国社会中。目前，家庭伦理重心由年长一代转移到年轻一代，下行式家庭主义盛行。根据 2020 年 C 市老年健康服务调研子女问卷统计数据，关于问题"您希望您的父母如何安度晚年?"，有77.82% 的被访老人的子女希望父母在家中养老，由家庭成员为老人提供照顾，其次是希望父母接受居家社区养老服务，占比为 11.49%，希望父母接受机构养老服务的子女仅占 3.56%（见图 6-1）。

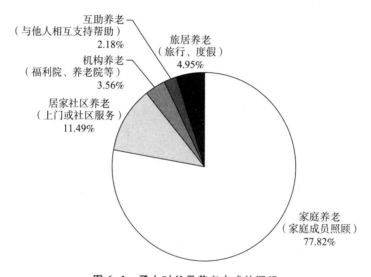

图 6-1　子女对父母养老方式的期望

资料来源：2020 年 C 市老年健康服务体系建设研究项目。

　　然而，目前老人照料的子代家庭支持呈现缺位状态。2020 年 C 市老年健康服务调查子女问卷统计数据显示，关于问题"您认为照料父母主要面临哪些困难?"，67.52% 的被访老人子女表示没有时间，45.15% 的被访老人的子女觉得工作负担重（见图 6-2）。对此，JS 社区书记认为：

　　　　在咱们中国，就是以后，居家养老也好，机构养老也好，还是说社区养老也好，由社会来提供养老服务绝对是趋势。你要说单纯

地，就像现在这样，就指着儿女来养老，好像不太现实。（SJR-JS
社区书记-20200929）

在老年人对自身养老的看法上，居家老人认为：

> 谁也不靠，就得靠自己，子女都上班。如果是两口人的话，那
> 就互相照顾。如果自己一个人，只要能动弹，就不靠儿女。儿女都
> 上班，没有时间照顾（我们）。像你们年轻人，结了婚有家、有孩
> 子，你说让他（儿女）照顾，他还上不上班了。他自己还有孩子，
> 那孩子还得我照顾呢！还得我接送呢！他（儿女）哪有时间呢？
> 孩子四点放学，他五点才能下班吧，也不能说请假去接孩子吧。
> 实在自己不行了，那没办法了，孩子照顾不了你，敬老院能给
> 你口饭吃，只能去敬老院。儿女自己也是一大家子，不上班就没有
> 工资。你说我孝敬父母，我就在家陪我妈，可能吗！那不生活了，
> 还有孩子呢，不现实。现在孩子工作压力大，我们都是替年轻人着
> 想。（JXZ-LJ 社区老人-20201126）

老人的子女在访谈中则表示：

> 人口老龄化加重，我们这一代又是独生子女比较多，四个老人
> 要两个年轻人照顾的话，确实很难。我们要生活，有工作，有孩
> 子，即便有想法去照顾老人，但在精力和时间上确实不太现实。但
> 如果可以的话，我还是希望老妈一直在我身边，我来照顾她，看后
> 期的情况吧，我还没成家，也不知道后面的事情。（DXY-BL 社区
> 老人子女-20210223）

因此，老年人的照料护理亟需社会养老服务予以回应和支撑。而在

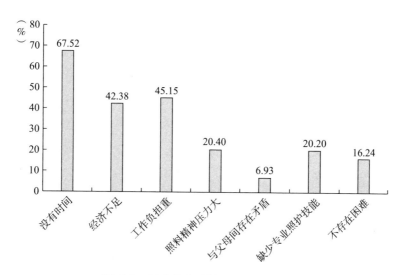

图 6-2 子女认为照料父母面临的困难

资料来源：2020 年 C 市老年健康服务体系建设研究项目。

非正式制度对个体选择的延续性影响之下，为了让能够契合家庭情感性需求的社会养老服务为老年人及其子女接受并得到有效的推广，其政策制定应遵循帕累托改进的逻辑原则，即在没有人利益受损的情况下能够改善一部分人的福利境况。这就需要进一步发挥政府引导的力量，制定并推行促进社会养老服务发展的福利政策：通过为老年人提供免费或低费的康养及文体娱乐服务，引导子女及老年人认同、接受社会养老服务；对有社会养老服务参与意愿的老年人给予优惠补贴，老年人在支付少量费用的同时可以享受服务机构提供的多层次为老服务，并逐步形成定期的服务供给模式；支持老人与子女对社会养老服务供给的参与，建立家庭养老与居家社区、机构养老服务间的协作性支持；等等。

同时，从子女对老人入住养老机构的态度与需求上看，有 38.61% 的被访老人子女表示，如果送父母去养老机构，最看重的是机构的服务态度，32.48% 的被访老人子女选择了服务的专业性（见图 6-3）。可见，政策上还需引导服务机构关注服务本身，这样才能符合子女对社会养老服务的期待。在机构养老服务的具体实践中，JT 养老机构楼层长反馈道：

> 其实第一点，就是把老人照料好，在家属这块儿他们就没有问题。那像（子女）来了，咱把这老人照顾得脏分分的。一看该给他吃的，不给他吃，该给他喝的，也不给他喝，又对他凶巴巴的。咱说实话，家属来了，（老人）会表达。所以，咱们先走进老人心里，家属子女那块儿，那就好相处了啊。也有那样的家属，无理取闹的也有，但是你得去跟他们交心。尤其是备品这块儿，有时候咱们医保内的备品不够用了，需要家属送来。有的家属他就不理解这个事儿，但是你就要让他相信，要把咱们护工做的活儿展现给他看。
>
> 像我们的护理垫儿，我们的护工都把它剪成一块儿一块儿的，就把弄脏的那块儿扔掉，剩下的都留存，等（老人）排便时或者需要时用。你要把这些东西拿出来让老人的子女看，让他们相信。甚至之前有的（家属）找我核对数量，我就每天把这些东西，就是这些用完的拉拉裤、纸尿裤、护理垫什么的拍照片，给他（家属）看，让他相信我们做的工作。再就是慢慢去跟他沟通，有时候你就得跟他说……就是反正自己得想尽一切办法跟他讲。有时候我觉得实在没办法，就跟他打比方，就比如老人的牙齿坏了，买药膏治疗需要多少钱，一包护理垫多少钱，让他自己去衡量，慢慢地，他就理解你了，你要常给他讲这些……他不理解你，你就要跟他沟通，这就是一个难题。
>
> 但主要还是耐心地把老人照顾好了，这样他们的子女才能放心把老人放到这里。咱这院儿现在就是一个家属带着一个家属来入住，就是互相传递信息。你要让人家传递这种信息，在这之前要把院里的工作做好，说实在话，咱们院方现在做得特别好，主要是

服务到位。(TJ-JT 养老机构楼层长-20200702)

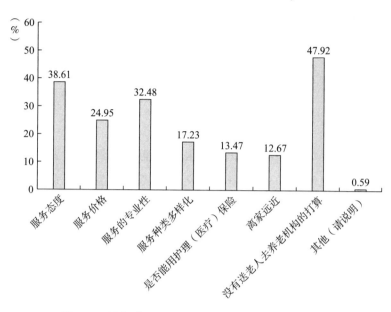

图 6-3 子女对父母接受养老机构服务的态度与需要

资料来源：2020 年 C 市老年健康服务体系建设研究项目。

由此，在帕累托改进的福利制度均衡原则下，服务机构只有在为老年人提供满足其多层次需求为老服务的同时，不增加甚至减轻子女照料的负担，并符合老年人及其子女的共同价值与利益取向，满足社会成员对养老服务的需求，才有利于促进社会养老服务发展的社会政策，即新的正式制度逐步内化为人们公认的规范与约束，从而渐进性改造与重塑社会成员的传统养老理念，弱化"反馈模式"下子代对父母一代享有社会养老服务的排斥，为社会养老服务的发展提供社会合法性支撑。

三 强调养老服务的日常生活化

从养老方式的实质性看，其应是老年人日常生活状态的延续，而非与老年人日常生活状态相割裂的、简单划分的居家社区养老、机构养老的分项照料模式。老年人更倾向于家庭养老，因为只有在家庭内才能充分实现养老的日常生活状态。因此，社会养老服务的政策供给应关注老年群体的日常化生活，以老年人的家庭养老生活状态为基础，并对养老服务设施环境进行有效的适老化改造。满足老年人安度晚年的日常化服务需要，使老年人及其子女逐步接纳社区与机构的服务供给。

（一）延续家庭养老的生活状态

从相关政策对不同养老服务的角色功能与比例划分上看，实质上是将养老问题理解为单纯经济学意义上的资源配置与消费的过程，但养老本身还具有社会性，应是人生的晚年阶段多重生活意义的集合。而将机构养老、居家社区养老视为崭新的养老服务方式，则忽略了养老的日常性的本质特性，与传统家庭养老状态的割裂使老人拒绝来自社会的养老服务。这就需要在社会养老服务政策上强化居家社区与机构养老服务的家庭元素，将社会养老服务作为老人家庭生活的一种延续，建立嵌入家庭日常生活的养老服务制度安排。

其一，注重养老机构、居家社区养老与传统家庭养老之间的内在关联性。将社会养老服务作为老人家庭养老日常生活状态的延续，而非基于供给侧简单固化服务提供的种类与时间。如居家社区养老服务按照老人的作息提供助餐、康养等多元为老服务，而非仅在统一、固定的时间内为老人配送餐饭；机构养老服务中给予老人更多自主活动的空间，保持老人家庭养老的生活习惯。据 HJ 村参与居家养老邻里互助服务项目受助老人的访谈：

> 我今年65岁，是二级残疾，和老伴儿居住在一起。女儿成家了，在外地，半年一年能回家一次。养老的话还得是指孩子，我去不了敬老院，因为喜欢安静，吃不惯大锅饭，那种生活习惯我适应不了。（HYF-HJ 村老人-20191105）

因而，养老机构与居家社区养老服务的提供需要关注老年人的家庭养老状态，使老年人能够逐渐适应和接受来自社会的养老服务。丰富机构及居家社区养老服务的种类，满足老年人的日常兴趣爱好，在灵活的服务供给中实现老年人的日常养老需要。

其二，转变养老机构封闭式的管理模式，融入老人日常家庭生活元素。老年人在入住现有养老机构的同时，也能够在家庭周期性地居住，而非仅长期处于隔离式的单向照料生活状态。据老人对养老服务状态的看法：

> 有句老话，"养儿防老"，但是现在，我是不想靠我的孩子，因为他们工作也很紧张、很累，工作压力也很大。我想将来老了，还能走的时候，约几个好友，大家在一起，就像那种抱团养老，我自己有这个想法。然后子女不放心了，回来看看。我不喜欢养老院的模式，要是有像社区组织的那种养老模式也行，邻里之间都很熟，我喜欢有认识的姐妹可以在一起，互相帮助，要是有这种养老模式是最好的。因为越老好像越离不开家，就是想在家附近，比如咱们社区要组织个养老机构。虽然不想靠子女，但是也是想在家附近养老。因为现在都是独生子女，就是想减轻他们的负担，因为他们还有子女，他们要是说忙完老的，再忙小的，根本忙不过来。（WM-KL社区老人-20210221）

可见，在家庭情结影响下，即使老年人理解子女难以为其提供家庭照料护理，老年人也依然更倾向于在家附近的熟悉的环境氛围中安度晚年，有熟识的邻居或亲友陪伴，且子女能够经常性地探望自己，延续老年人家庭式养老的日常生活状态。当前部分养老机构的运营脱离了养老的家庭日常性特质，即使服务设施建设能够满足老年人疗养、休闲等高层次服务需求，但机构的选址偏远，老人几乎处于隔离的场域中，未能顾及人们的日常家庭生活需要，导致养老机构难以持续性运营。养老机构需保证子女探望的频率，加强养老机构现代化通信设施建设，保障子女与老人间经常性的沟通联系，并在服务中融入老人居家日常生活的元素，如老人入住养老机构时可以携带家庭中的一些重要生活物品，以满足老年人对熟悉事物的依恋及情感性需求，尊重和保持老年人在家中的行为习惯与生活状态。

（二）建设适老化的服务环境

在理性与效率的经济社会发展理念下，我国养老服务问题长期被置于发展结构之外，继而形成了暂时性与边缘化的社会养老服务正式制度安排。而这种效率导向型政策安排现今面临的却是老龄化加剧的社会大背景，这就需要将发展的理念与方式根植于老龄化的语境中，重构适老化的政策安排与服务环境。

首先，政策理念上注重养老服务问题的社会性。将人们的晚年生活所需的照料服务视为自然的生命历程，而非"效率型"经济社会发展中所衍生出的负面因素甚至阻碍。老年人的弱势群体身份化标签不单是生理特征的外在体现，而是社会为其构建而成的话语符号，反映的是社会变迁及效率导向下的社会发展理念。因而需要从社会性的角度看待老年人的照料护理问题，积极应对已成为社会发展背景的养老服务问题，为老年群体提供适老化的社会服务环境，将养老服务问题置于经济社会发展结构之内，而非与社会进步相悖的矛盾问题，制定背景性、全纳式的适老化服务政策。

其次，规划标准上强化居家社区与养老机构的适老化设施建设。在C市养老服务机构中，部分建有一定的适老化服务设施，便于老人的日常生活或提供紧急服务。如NH街道ZL养老院楼道配有扶手，配有电梯且双向开门，各个房间配备无障碍设施，便于应对紧急风险，并在康复理疗、助浴设备等设施上为老年人提供了便利的生活条件。但大多数养老服务机构缺乏足够的适老化服务设施，且在各社区中基本未实现老年服务的适老化环境建设。如 ZL 居家养老服务中心 SJ 分中心未配有电梯，SG 分中心墙壁扶手防滑性不足，且无老人助浴设备；PQ 居家养老服务中心 LY 分中心卫生间缺少扶手，地面缺少防滑设施；XF 居家养老服务机构的 LD、FA 等分中心均无适老化的服务空间设计。因而在社会养老服务政策上，应强化居家社区及养老机构的适老化服务环境建设，建立相应的政策规划与服务评价标准。如在公共区域标识、环境布置、防滑防摔等设施环境建设上应符合老年人的基本生活需求，并在此基础上建设与老年人兴趣活动等相匹配的设施环境，而非基于规制化的简单服务设施投放，避免与老年人切实需求相悖而造成资源的空置与浪费。

最后，政策引导情感性适老化服务设施与环境的设计。老年人的日常生活、基础性照料需要便利的适老化服务环境，其更高层次的精神上的服务需求也可通过服务设施与环境的设计而得到回应。如通过老年娱乐兴趣玩具的设计，从心灵层面为老年人提供个性化的生活辅助，有助于老年人摆脱孤独感，同时锻炼老年人日常活动与思维认知等方面的能力；居住环境设计适宜老年人的健康养护，营造公共空间的家庭氛围，如符合老年人畏冷喜阳特征的门窗安装、按老年人不同生活习惯布置各功能区域、房间的照明与色彩的合理设计、家具的尺寸方便老年人活动等。政策支持上对适老化服务环境建设的理念进行延伸，关注老年群体的深层次服务需求，即在适老化环境建设中融入情感型的设计安排，让老年人在公共空间环境内感受到服务环境带来的家庭温馨及人文关怀。

第二节　完善正式制度促进非正式制度演化

在建立嵌入价值理念、习俗传统等非正式制度的社会养老服务正式制度的同时，社会养老服务发展制度的协调还需引导相关非正式制

度的变革，以适应社会结构的变迁，为正式制度的有效实施提供内在的
理念支持与推行空间。由于非正式制度对个体选择具有深远影响，在制
度的渐进性变迁中起着重要作用，当制度不平衡产生时，即使组织在形
式上对正式制度规范进行更新和强化，但在制度内部结构要素的相互
作用中，社会成员实则仍以非正式制度作为其行动的真正指引。因此，
对非正式制度进行改造才能使制度内部结构的不平衡失去其存在的基
础，使正式制度能够被公众广泛接受并逐步内化为社会成员自觉的行
为准则。

一　建立社会提供养老服务的文化政策

通过文化政策的制定，引导社会成员转变传统的养老认知模式，逐
步接纳社会提供的养老服务。引导老年群体建立提升晚年生命质量的
养老理念，释放受传统习惯影响而过度挤压的养老服务消费空间；对传
统的养老文化内涵进行扩充，理解传统孝道的内涵不单拘泥于养老的
空间地点，更在于日常照料护理与情感上的尊重和关怀。在价值理念上
引导社会成员形成对社会养老服务的内在接纳与认同感，为社会养老
服务的发展创造空间。

（一）重视提升老人生命质量

在传统节俭的价值理念与物质匮乏时期的生活经历影响下，老年
群体大多形成了注重实惠、抑制消费等行为习惯，即使现今物质条件已
得到显著改善，老年人也依然沿袭固有的行为模式。因而，需要在文化
政策上引导老年人由实现生存质量、生活质量，到重视生命质量的提
升，为老年人安度优质的晚年生活提供价值理念支持。

政策上提倡老年群体关注自身的健康生活方式与积极的社会交往，
重视晚年生命质量的提升，而非抑制多元化的老年服务需要，不断挤压
自身优质晚年生活的享有空间。同时，明确专业化的社会养老服务是有
益于老年人生活起居、身心健康的必要支持性服务。使老年人及其子女

意识到居家社区、机构养老服务是能够以亲情化、专业化的服务，满足家庭难以实现的多层次照料护理需求的社会支持，并有助于扩大老年群体的社会交往，实现其深层次的发展性需求。据老人对自身晚年生活的想法：

> 我家原来是农村的，后来搬到这儿，以前也没参加过什么活动，从我们上这（社区）来之后，有这些活动，我挺满意的。我年轻时没什么养老的想法，就知道干活儿、伺候孩子，给孩子伺候大了，结婚走了，还剩下我俩。现在也没有什么养老的想法，等老了不能动了再说吧！但我觉得让儿子伺候要好一点，希望老了由儿子照顾，也希望社会组织、政府呀，能提供一些服务。要是自己能动就自己干，不用别人，我觉得能活 85 岁就不错了，还没想到 90 岁以后会是啥样子。（MYP-JS 社区老人-20201028）

> 我很少去了解这些养老服务，因为现在还没到那一步，就是说上养老院的事，还没考虑到那一步。因为现在生活还能自理，还能帮助孩子，所以这方面还没考虑那么远，很少关注。以后会了解一些，因为也是为自己着想。从身体方面、环境方面考虑，不过优先还是想居家养老。（LSQ-KL 社区老人-20201106）

可见，父母一代更多关注子代的成长与生活，而对自身的晚年生活并未持有较高预期，且在日常生活中更倾向于自我照料。据 C 市居家老年人问卷调查统计数据，有 37.10% 的老人平常会帮助子女照看（外）孙子女，32.54% 的老人仍帮助子女做家务，有 23.81% 的老人会帮子女照看家（见图 6-4）。

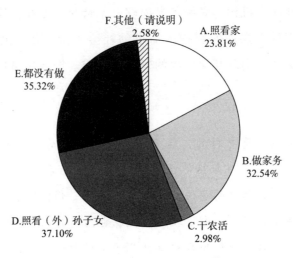

图 6-4 老人为子女提供帮助情况

资料来源：2020 年 C 市老年健康服务体系建设研究项目。

由此，对于老年人生命质量的提升还需提倡老年人关注自身的照护需求、为自己消费，而不是对于社会养老服务的提供仅停留于被动接受或者拒绝的消极层面。因而，需要倡导老年人转变消极的社会服务消费思维，推行积极主动的社会养老服务购买理念，提倡老年群体主动购买对自身起居与康养有益的居家社区养老服务，接纳机构提供的专业养老服务，以满足老年人自身的基础性照料服务需求及康养文娱等高层次的服务需要。进而释放老年人被传统观念过度挤压的消费空间，助推老年人逐渐形成合理的社会养老服务消费行为模式。

（二）扩充传统养老文化内涵

我国传统养老文化以"孝道"为核心，"善事父母"是其最基本的内涵，具体包括养亲、敬亲、顺亲、谏亲、继亲、丧亲、祭亲七个方面的内容。我国传统的养老文化既是延续千年的道德伦理及价值观念，更体现出长辈与子代间特有的情感模式，以家庭为基础的文化传统具有其存在的合理性。然而，在现实情境中传统养老文化作为一种非正式制度，在以伦理价值引导社会成员孝亲敬老的同时，还通过社会规范和社会制裁形塑个体的责任角色，继而形成了个体行动的逻辑准则。具体来说，老年人及其子女对家庭养老的选择既是自然的血缘性习惯传统，又符合外界对家庭内部成员的认知评价及道德判断，而后者现今作为一种社会规范在现实情境中成为老年人享有社会养老服务的阻碍，致使老年人外化的结构性服务需求无法得到有效回应。因此，在社会结构变动的时代性情境下，需要通过政策理念的引导，对传统的养老文化内涵进行进一步的理解及扩充。

一方面，理解传统孝道的内涵不单拘泥于养老的空间地点，其关键在于服务的实践与情感上的尊敬。在传统社会的家国同构、君父同伦制度结构下，孝道的内涵具有外在社会性与机械性特征，内在的亲密情感性与灵活性不足。而现代社会中的父母与子女的代际关系更多体现的是以平等为基础的互爱、互敬，因而孝道更应注重家庭内在的子女对父母的了解与情感，强调家庭养老中子女对老年人的关怀与尊敬，而非仅是一种形式上的角色与职责。老年人的服务直接供给主体与居住生活空间也并非衡量子女孝行的表面社会准则，倡导以家庭为依托并寻求多元且专业性的社会养老服务支持，从而使传统的孝文化得以更新与延伸而更具有时代性、开放性与包容性。

另一方面，居家社区与机构养老服务是传统家庭养老状态的延伸，社会养老服务是老年人安享晚年生活的合适选择。传统养老文化基于家庭养老的物质生产条件与自然的血缘纽带而形成并延续，而在当前社会结构变动的现实情境中，传统的家庭养老与新的社会现实之间产生了难以调和的矛盾。于是，脱离血缘关系范畴的社会养老服务逐步发展，但在传统养老文化约束下，老年人及其子女对家庭养老的偏好具有延续性，并因此排斥来自社会的养老服务，或将社会养老服务视为一种不得已的无奈选择。对此，JT养老机构负责人表示：

我觉得过些年（养老机构）应该会成为首选，就是大家意识到了自己不想在家待着。因为去养老机构就是过集体生活，其实挺有意思的。有人给做饭、洗衣服，每天就溜达就行。你不用干啥，你不用想着中午吃啥、晚上吃啥。（LXF-JT养老机构负责人-20200920）

因而，需在价值理念上引导社会成员接纳和认同社会养老服务，理解社会为老年人提供服务并非子女推卸赡养责任，而是子女为了更好地履行孝道义务。对传统的养老文化理念进行扩充，构建现代型家庭伦理道德与社会价值观念，从而使老年人及其子女在心理认知上接纳专业性、多层次的为老服务，为社会养老服务的发展创造空间。

同时，通过选择合适的方式与媒介，引导作为服务对象的老年人及其子女认同倡导社会养老的新型价值理念。老年人及其子女的观念并非不能转变，而是需要以恰当的宣传方式加以引导。可通过老人日常接触的报刊、广播、电视等媒介，宣传社会养老服务是传统孝道与现实条件相结合的积极成果，对环境适宜、服务优质的养老服务场所与活动进行宣传报道，扩大居家及机构养老服务的社会影响力；社区的工作人员在社区的宣传栏等醒目位置积极宣传相关服务活动的开展现状，为有潜在需求的家庭上门讲解服务的供给方式和优势。JS社区书记表示：

首先居民对居家养老服务的重要性，或者是说它的基本内容和意义都不了解。其实说白了，这也是社区宣传不到位的体现。（QYX-JS社区副主任-20200922）

我觉得就是针对那些不太爱参加活动的老人，有的时候可能更需要一些（服务），需要咱们上门去服务。或者是动员他们走出家门参与这个社区的活动。因为有的人，从工作岗位退休了以后呢，可能突然间有一种落差，不愿意加入集体生活。这时我觉得可

以通过动员，动员他来参加活动，主动邀请他，这样也行。（SJR-JS
社区书记-20200929）

目前政策上对居家社区与机构养老服务发展状况的宣传不足，社
会整体上对社会养老服务的关注度有待提高。老年人及其子女因缺少
有效的养老服务信息支持，对社会养老服务环境的辨识力不高，而在固
有的心智构念下不愿接受甚至排斥养老机构提供的养老服务。据养老
机构院长反馈：

> 现在从整体上看社会养老、机构养老，一是发展不健全，虽然
> 在不断发展，但是发展速度有点慢。二是政府职能部门宣传力度还
> 不够，其实有的人不知道我家能做这么好，而且我家收费标准有些
> 人也不知道。就是真正到院咨询、参观或者来访，想办理入住的，
> 都是这几类：第一，通过我们机构的回头客介绍；第二，家属转介
> 绍；第三，我们员工转介绍；第四，很少有，就是在这路过说，哎
> 呀，这有个养老院，我进来看看吧！（这样的）很少，极少极少。
> 就是很多人不认识，说"这个楼干啥的？""不知道，谁知道这楼
> 是干啥的！"。所以说，还是社会的参与度、关注度不够。（SD-JT
> 养老机构院长-20200603）

对此，居住在养老机构的老年人的子女在访谈中表示：

> 我身边有好多人，因为我这个年龄的人的父母都七八十岁了，
> 有好多不接受这个（养老院）。他（老人）宁可在家待着，跟儿子
> 一起住，哪怕跟儿媳妇别别扭扭的，都只愿意在家待着，也不愿意
> 接受养老院。就是社会养老这个观念，不是所有人都能接受。
> 我觉得，老年人群，就是在家的那部分老人，他们可能了解信

息的渠道太少了，好多子女因为顾及老人的感受，都不敢说（去养老院）。比如说，我有一个同事就是，她说她婆婆自己在家，其实可没有意思了。我说那你快跟她说呀，上我妈那儿（养老机构）去啊，我说那儿老头老太太在一起都可开心了，还搞活动。她说我做儿媳妇的，我哪敢说呀？你看，她就顾及这个。她说要不就让她丈夫说，但是他俩只要一提到"养老院"三个字，他妈妈扭头就走。很怕她儿子提出来说让她上养老院，这说明啥？说明她对养老院不了解，对吧？她的观念太陈旧，她不了解现在的养老院什么样儿。所以说，我觉得是他们的信息太闭塞，观念太老旧。（SJS-XX养老机构老人子女-20201223）

在政策上引导社区及社会媒介为老年人及其子女提供有效的养老服务信息支持，促进和提高社会成员对社会养老服务的理解与认同，同时倡导老年人形成合理的社会养老服务消费习惯，让老年群体理解社会养老服务是有益于其生活起居、身心健康的必要的服务支持。促使社会成员逐步认同社会供给养老服务的模式，从而改造非正式制度使之与正式制度变迁相融合。

二 加强服务实践价值理念的政策引导

在伦理观念上引导老年人及其子女接纳社会养老服务的同时，更需要加强养老服务机构与服务供给人员的责任理念与职业认同感。转变养老服务组织在市场经济利益交换准则驱动下所衍生出的经济导向型的服务价值取向。对于具有家庭情感性与伦理责任的为老服务而言，需要在政策上引领养老服务供给主体形成情感与责任主导型的服务价值理念。

(一) 提升服务组织社会责任感

政策上应加强对养老服务组织社会责任感的引导和培育，为老年人提供人性化的优质养老服务。我国养老服务组织的发展主要基于政府公共服务供给职能的转移，在这一过程中，政府所承担的养老服务责任也随之分离而流向社会，这就必然需要养老服务组织具有行为上的社会责任感。就"服务"本身而言，它是为集体或他人的利益及某项事业而工作，社会养老服务作为老年群体所需的公共服务具有情感性与责任伦理等特征，这就需要服务组织强化其运营的社会性。

目前单一化的"助餐+家政"型的社会养老服务供给模式，基本上以经济性的市场交换逻辑为老年人提供日常生活照料。服务机构片面强调对老人的餐饮服务及家政服务以简化服务种类，或雇用兼职与非专业人员降低服务成本，导致社会养老服务质量无法得到提升，老年人的服务满意度普遍较低。而服务组织在使用社区场地等公共资源的同时，却未从公共服务供给的社会责任出发为老年人提供深层次的情感关怀服务，仅将注意力集中于竞争政府采购项目和如何赢利的问题上，忽视了占用公共资源需履行的义务责任，致使部分服务组织虽落地社区却并未实质性嵌入社区，未能带来社区养老服务的增量。对此，社区养老服务负责人表示：

养老服务组织、社区人员的服务意识特别重要。有责任心、有责任感特别重要。他首先得有这个服务意识，他要是没有这个服务意识，在没有这个工作责任感的情况下，开展不了服务。你就是给他一块钱，我感觉他都对不起这一块钱，我就是说实话。如果你长期没有这种服务意识的话，你就把这个东西做死了，咱们做这个东西是要把它做活，服务组织和社区人员的服务意识一定要强化。

提升服务组织、社区人员的服务意识不仅仅是通过学习呀、培训呀，或者出去参观，不仅仅局限于那些，还要寻找那种真正有责任心、有服务意识的人员去做这件事。（QYX-JS 社区副主任-20200922）

　　服务态度方面要着重改变，为老服务的责任心是最重要的。因为老年人，各式各样，而且他们每个人的文化背景、家庭生活方式都不一样。针对不同的老人，你都要拿出你的耐心、细心和责任心，这是非常重要的。这个跟服务者是什么学历之类的没有关系，我就是本科毕业。主要是你得发自肺腑地对他们好，老年人自然而然就会对你好，这就是我的经验。（SA-YY 社区副书记-20201120）

　　对于老年人及其子女认可的社会养老服务提供方式，养老机构院长及护理人员认为最主要的是服务人员的责任心和耐心，养老机构院长提出对于护理部员工的选用，最应注重的是道德与责任感。据养老机构护理人员及院长的反馈：

　　　　你就用心、用真心，用真心他们会知道的。干这行年头儿多了，其实也是经验吧！你就跟他们不能说是不用真心，比如说像吃饭，你爱吃不吃，你不是入住情绪不好，还打人，打人我就不理你或者怎么样。越是那样对待老人，你越是跟他们走不到一起去。一是要有责任心，二是要有爱心，三是要有耐心。这样家属才能放心把老人送到这里。就是家属来可高兴了，特别高兴，还满意，尤其对我们护工，他们特别满意。没有责任心和爱心，这事儿干不了，这是真话。（YD-WX 养老机构护理人员-20200930）

　　　　服务最主要的就是耐心、责任心和细心三点吧。老人也会品，他不会无缘无故乱发脾气，他发脾气也是有起因、有导火索的。比如这个东西，他就故意扔地上了，然后捡起来看你态度有没有变化，他再扔个东西，等到第三次他就不会再扔了。就是除非有精神类疾病的，排除这个情况，都是（可以沟通的）。因为人心都是肉长的，所以可以沟通嘛！跟老人沟通，有耐心、有责任心的话就没有问题，主要是这一块儿。

我们这儿有护理部，护理部的员工，是最前线的，直接为老人服务。老人吃饭喷得到处都是，都得给擦。还有大小便失禁的，随时可能就尿了、拉了，有时这边咱们正吃饭呢，你就得把碗筷放下，赶紧给老人收拾。收拾完之后你洗手，心不脏。这个职业对护理员的职业道德要求还是很高的，虽然他们都是农村来的，学历也不高，但是他们都是挺本分的，看人品嘛！在家伺候过自己的老人……这样对老人会好一些，这个职业对责任心有一定的要求，而且要有耐心。有的老人就是想调皮，老小孩儿、小小孩儿，没事儿在床上非得整出动静，非得把着栏杆晃动。这就得耐心跟他说不能晃动……他说那行，那我就不晃了。好了一会儿，一会儿还得吭吭的，他就这样。（SD-JT 养老机构院长-20200603）

因而，应在政策上加强对养老服务机构从业人员在价值规范、责任观念上的引导。应在社会养老照护队伍选用与培育上，将孝亲敬老、推己及人的价值理念贯穿始终。在服务目标上，明确为老服务不仅是一种营利的途径，更是富有爱心的职业奉献和对为老服务社会责任的践行；在服务方式上，为入住养老机构或居家的老年人提供照料护理，也应如同对待自己的亲人一样，在实践中注入家庭式的情感关怀与伦理责任，耐心地照料老年人；在服务种类上，除提供日常照料上的细致服务，更应注重老年人的精神需求，将被照顾的老年人视为有自我意识与尊严的个体，提供符合老年人自由与意愿的个性化情感服务。通过政策理念的引导，促使养老服务机构将服务理念与养老文化相结合，满足老年人及其子女对社会养老服务的需求和期望。

（二）增强服务人员的职业认同感

养老服务人员作为社会养老服务的直接提供主体，其对自身的职业认同决定实践环节中养老服务的质量与服务政策的成效。养老服务人员通过养老服务场域内各因素的互动，不断形成自我价值的判断与进行自我概念的塑造，从而影响其价值观念与工作方式。因而，需加强对养老服务人员职业认同感的政策引导，从社会群体的观念及期望上为其提供职业认同的动力，以对个体职业自尊感、归属感、价值感等效能的强化推动养老服务人员职业认同的形成，从而推动情感性养老服务实践的发展，提升社会养老服务正式制度的实效性。

转变传统的行业认知价值观念，提倡社会成员给予养老服务提供者更多的尊重和支持。受传统观念影响，人们对养老服务人员的认可度较低，作为服务对象的老年人及其子女对养老服务人员往往缺乏尊重与理解。养老服务人员无法获得社会成员的认可，从而无法得到更多的社会支持，在本职岗位上不能获得荣誉及成就感，致使其难以对自身形成职业认同。这就需要政府加强社会舆论引导，多途径对养老服务职业的社会价值进行宣传：养老服务人员不仅是帮助子女照料父母的服务提供者，还是老龄化社会中不可或缺的社会力量，且在养老问题已成为社会发展的背景性议题时，养老服务人员更是在我国人口及社会有序、可持续发展方面扮演关键性角色。同时，对养老服务人员所面临的现实问题予以关注与报道，使公众了解到为老服务的障碍，提升对养老服务人员的认同与信任。总之，引导社会成员对养老服务人员给予充分的理解和尊重，为养老服务人员的职业认同提供群体观念上的动力支持。

不仅如此，对于养老服务人员的职业认同感的提升还需通过改善其福利待遇，提升其个体职业的归属感、自尊感及价值感。当前养老服务人员的薪资待遇、福利水平偏低，自我职业认同度不高。对 C 市养老机构护理人员的调查数据显示，仅有 10.6% 的被访者认为其社会地位尚可，26.1% 的被访者认为其社会地位一般，认为不被社会认可的占36%（王菲等，2020）。这就需要完善养老服务从业人员的薪酬津贴、福利保障政策，加强对养老服务人员职业认同的理念引导。在培训中强调为老服务的社会价值和独特性作用，使养老服务人员意识到自身工作的价值感与尊严感，从而坚定为老服务的责任与信念，在服务实践中充分发挥其主体性。通过强化养老服务人员职业认同来提升服务质量，养老服务人员能够积极地回应老年群体的结构性服务需求，在具体服务实践中为老年人提供人性化的照料护理，而非冷漠地对待具有情感属性的老年服务工作。

第七章

社会养老服务发展制度协调的实施机制

正式制度与非正式制度的实然变迁与融合，还需要建立相应的制度实施机制。实施机制既对违反制度的主体施以管制约束，又对遵守制度的主体给予引导激励。制度实施机制的不完善也将导致制度偏离其自身的预期功能，产生制度履行中的不确定性，从而难以实现制度的应然约束作用。因此，社会养老服务发展中正式制度与非正式制度变迁的协调，还需建立相应的规范化监管与制度协调服务供给的激励机制。通过制度协调实施机制的构建保障制度协调方式的运行，规避和化解社会养老服务发展中的制度风险与制度偏差。

第一节　实行制度协调的服务供给激励措施

建立促进正式制度与非正式制度协调的服务实践的激励机制，引导养老服务机构开展满足老年人家庭情结及真实服务需求的为老服务项目。具体而言，通过服务政策引领服务机构实践"类家庭情感"与多元化感知类养老服务，构建能够丰富养老服务类别的绩效与奖惩指标，并优化老年人对社会养老服务评价的细则。通过激励机制的建立，推动养老服务机构开展融合家庭情感与多元体验的养老服务实践，推动社会养老服务形式的深化发展。

一　制度协调的服务实践政策导向

在社会养老服务政策中需引导服务机构实践"类家庭情感"的老年照料护理服务，满足老年人及其子女深层次的家庭情结，转变社会成员对社会养老服务的排斥心理。与此同时，从政策上推动多元化感知类社会养老服务供给的发展，促使服务提供者立足于感性服务，以服务的有效功能使老年人意识并感知到社会养老服务的价值，改变老年人固有心智模式下对社会养老服务的消极认知，实现制度结构的均衡。

（一）实践"类家庭情感"的照护服务

对于居家社区与机构养老服务主体未能提供"类家庭情感"的老年照护服务，需要制定激励政策，催生能够实现家庭情感功能的社会养老服务。我国传统上以家庭为核心的养老文化的延续具有其存在的合理性，原因在于养亲、敬亲既是血缘关系中子女对父母自然的反哺之举，也是中华民族源远流长的孝道传统文化美德。而更深层次的根源是，家庭作为社会的最基本单位仍在代际的亲情互惠与交换的平衡上发挥着核心作用。当前，部分老年人具有对社会养老服务的消费意愿，但因社区或服务机构提供的社会养老服务脱离老年人家庭生活状态，难以满足老年人的家庭情感性需求，尤其是过于严格与规范化的服务模式让老年人难以接受。因而，社会养老服务的发展必须注重老年人的主体性需求，服务的提供不单限于老年人衣食起居等基本需求的满足，更需关注亲情与尊重等深层次的家庭情感需要。对此，JS 社区副主任在社区开展的老年社会工作服务中谈道：

　　就是咱们为老年人办生日会的时候，老年人感觉我的儿女可能都不会这样做。好多老年人就哭，就说我 80 岁了，我从来没过过这样隆重的生日。就是可能家里人对他们不照顾，忽视他们。然后（老人）到社区来，社区提供像家一样的服务，对你们（老人）

那么好，一天都乐呵呵，给你们提供服务，领你们玩儿，老人就会觉得很满足。有时候跟老人聊天，他说："我姑娘脾气不好，她得病，我也不敢惹她。"老人在家待着是一种心情，他出来是另一种心情。（QYX-JS 社区副主任-20200922）

对于引导和激励养老服务机构实践"类家庭情感"的照护服务，一方面，进一步制定政策以推动居家社区养老服务方式的改进，使居家社区养老服务能够充分融合传统家庭养老与现代社会服务，通过家庭与社会共担养老责任，既能够满足社会成员对家庭的情感性需求，又能够解决老年人在家中照料缺失的问题。另一方面，在机构养老服务建设中制定相关政策，以改变生理照顾型的服务模式，融入传统家庭养老的元素，注重老人的情感性服务支持。访谈中，对机构养老服务的看法及需求上，一位老人认为：

提到养老机构，那是肯定得去了。岁数大了，以后肯定得走那一步。养老院肯定是干净、服务好的能接受呗！养老院主要是得搞好，得真心实意地对待老百姓才行……就是服务态度最重要，咱也不能要求养老院和家里一样，但还是希望这个（养老院）能够关怀老人，因为得在那（养老院）生活。吃什么无所谓，干净就行呗！（LXM-OC 社区老年人-20200731）

其实从我内心来讲的话，还是希望能在家养老，但是老伴走得早、走得急，家里就一个孩子，我也不能指望太多。毕竟她后期得成家，有孩子，还有自己忙碌的工作，孩子精力和时间有限，根本顾不上我……至于养老机构服务种类，我觉得差不多就行，符合老年人的基本需求就行，经常有娱乐活动会更好……工作人员首先要有爱心，要热爱这份工作，因为工作人员的态度和状态直接影响

老人的心情，平时都是朝夕相处的，主要是心情愉悦。（HCZ-BL
社区老年人-20210223）

可见，对于机构养老服务老年人更注重的是服务本身，特别是在服务态度上，服务供给者是否能够给予老年人心理上的抚慰，影响老年人对社会养老服务的接受度。2020 年 C 市老年健康服务体系建设项目调查数据显示，关于问题"对于机构养老，您最看重的是什么？"，51.28%的老年人选择了服务态度，其次是服务价格与服务的专业性（见图 7-1）。同时，关于问题"对于上门或在社区的养老服务，您最看重什么？"，选择服务态度的老人居多，占比为 50.69%（见图 7-2）。

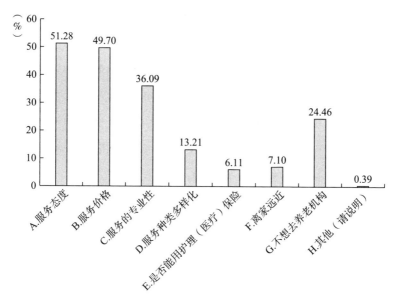

图 7-1 对于机构养老，您最看重的是什么？

资料来源：2020 年 C 市老年健康服务体系建设研究项目。

不仅如此，老年人更为具体和深层次的服务需求是"类家庭情感"性的为老服务。由于家庭代际具有的特殊情感性，传统家庭养老的非正式制度深刻影响着老年人对养老服务的选择。这就需要在社会养老服

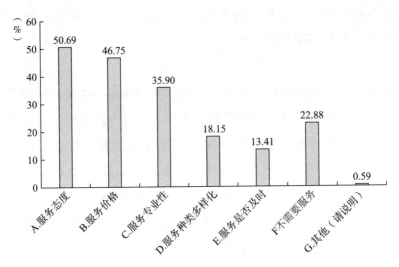

图 7-2　对于上门或在社区的养老服务，您最看重什么？

资料来源：2020 年 C 市老年健康服务体系建设研究项目。

务发展中，服务主体不仅需在形式上为老年人提供照料护理服务，更需在服务实践中融入"类家庭情感"。对于老年人刚入住养老机构时的排斥与不适应的情况，养老机构护理员应以耐心、亲情式的沟通方式和服务方法，帮助老年人逐步接纳并融入专业细致的机构养老照料护理生活中。据养老机构楼层长的服务经验：

　　老人刚入住，会不适应甚至排斥这里，其实跟你说，每位老人都有这种情况。就像我前两天接收一个老人，是一位九十多岁的大爷，他反应就特别大。他到这里来就不吃饭，还反抗。你看我这些伤，胳膊上和腿上的伤。他来这里就打人，特别暴力，但是吧，你得用心去跟他相处，他打我的时候，我也不离开他，就在他身边。第一天，不吃不喝。第二天，就能吃三口饭，把第四口饭喷了，喷我一脸。我一天换了两三套衣服，就我的工装，换了两三套，喷得一身全是水和饭。

　　等到第四天，我去喂他饭，他就哭了。老人捂着脸，就在那哭，我就问他，你怎么还哭了呢？我说我们对你没有敌意啊！我说家人给你送到这里很好。他家人在家都照顾不了他，他特别脏，小脑萎缩。他姑娘说，他曾经走丢过八天八夜，找不着家。来的时候，他的指甲特别长，都是我一点点给他修剪的。第四天我这样对他，和他交心，他就哭了。我说大爷你不要哭了，这些都是我们应该做的，他就这样（比手势）给我点赞。我说："你吃饭吗？你不吃饭会饿坏的，你不要哭了啊，我会对你像家人一样好。"反正就是想尽一切办法跟他说呗，然后他就把半碗饭全吃了。

第五天、第六天一直到今天，他再也不暴力了。我头几年遇到这种情况，我都会哭……现在不会了，因为干的年头儿多了，有经验了。因为他们就是不想离开家，不想离开亲人，有时候（老人）到这儿，还不知道咱们是不是用真心去跟他相处。你要是跟他真心了，他也跟你是真心的，（老人）现在就跟我家的护工可好了。你看这今天才住进来十多天吧，就特别好，属于稳定的了。

其实，他们不想在这里或者不适应这里的原因就是，他们多数是舍不得家人，他们就觉得家人好。但后来呢，咱们用真心去跟他们相处，他们慢慢地不喜欢家人，而是喜欢我们，这是真事儿。你看我现在，我带班儿，你看这不是从昨天开始，我让我们的员工休息。你看我们的员工回家啦，这些老人就可舍不得了！有的能说话的就问，你休几天呢？你赶紧回来呀！他们对护工有依恋了，对家人没有那个依恋感了，甚至他们过年都不愿意回家了，就是让他们把这儿当成家了。（TJ-JT 养老机构楼层长-20200702）

可见，老年人在家庭照料支持缺失的情况下，获得其他社会支持能够在一定程度上弥补缺失的情感和关怀，从而使其对其他外部支持产生信任并由此提升生命质量。来自社区与服务机构的社会支持中的家庭情感性服务能够在一定程度上替代子女，为老年人的晚年生活提供服务支持。通过政策引领服务主体实践"类家庭情感"服务，服务组织提供的社会养老服务能够在一定程度上实现来自家庭的服务功能，在深层次上满足老年群体的情感需求与孝亲情结。

具体来说，引导和激励服务主体在为老服务实践中融入人文关怀，从人性化的角度重视老年人的生命健康、多元需求及人格自由，给予老年人亲人般的关怀及尊重。具体包括：将老年人视为积极的能动主体，以实现老年人主体性为服务目标；以共情同理的服务方式从老年人的角度思考和处理问题，耐心倾听、了解老年人的真实需求及感受并积极回应；给予老年人平等、关怀、接纳、尊重；关注老年人的个体服务需要，而非以某种固定的行为模式介入老年人的生活；协助并鼓励老年人自己做出决定并解决问题，重赋老年人生活主导者的角色。通过引导服务机构在具体实践中提供满足老年人家庭情感性需求的社会养老服务，让老年人接纳来自社会的养老服务并感知到社区与养老机构服务的人文关怀，在同辈群体间正向信息的传递中，提升老年群体对社会养老服务的接纳与认可度。通过进一步优化社会养老服务的实践形式，改变老年人对社会养老服务环境固有的认知，有效实现正式制度与非正式制度的渐进式协同变迁。

（二）推动多元化感知类社会养老服务

这种能够实现家庭情感功能的服务的推出，由于立足于多元感知类的社会养老服务，而进一步有利于重构相关非正式制度，形成倡导社会供给养老服务的新型价值理念。诺斯的制度变迁理论认为，在社会变迁过程中参与者的选择与决策由其感知所支配，社会成员会将行动的预期与环境的反馈相比对，若两者不符，其心智模式就可能会被调整和优化。当社会成员共同秉持并维护某些价值观念，且这些观念得到正式制度的有力支撑时，它们便会逐步发展成为新的非正式制度，内化为行动者的思维模式，成为其思考和行动的潜在指引。因此，这种能够实现家庭情感功能的服务产品的推出，需通过多元化感知类的社会养老服务进一步获得老年人的接纳与认可，以有效的服务功能使老年人意识并感知到社会养老服务的价值，彻底改变老年人对养老服务提供者的传统观念，促进对社会养老服务新理念的认同，从而实现养老制度结构的渐进性互构，实现相关正式制度与非正式制度间的均衡，拓展社会养老服务的发展空间，摆脱社会养老服务发展的困境。

具体说来，健康、心理等康养类服务对老年群体而言十分必要，与餐饮、家政等基础性的养老服务不同，此类服务对服务机构及人员的专业性要求较高，且往往无法通过老年人自己及亲属获取，更能体现出社会养老服务所具有的价值功能。而目前大部分老年人较少接触到康养类服务，更无法感知到健康、心理等方面的社会养老服务的价值。这就需要依靠政府及市场的力量，促进专业性健康养老服务、心理类养老服务等多元社会养老服务的发展，引导并激发老年人对康养类养老服务等多元服务的潜在需求。在养老服务政策设计上，政府可促使养老服务机构在初始为老年人提供免费的康养类养老服务，在引导老年人体验多元康养类养老服务的过程中，逐渐使老年群体感知到此类服务的重要价值，继而促成老年人购买社会养老服务的行为。通过创新有效的正式制度设计约束人们的行为选择，有助于形成新的消费习惯，推动养老服务非正式制度的变迁。JS 社区通过购买社会工作服务项目，已围绕老年慢性病、心理慰藉等开展了 3 年居家社区养老服务，社区养老服务负责人反馈道：

> 最开始的时候我还生过气，为啥生气？老人说，哎呀！你为啥不给我发东西？我就特别生气。我说我发东西不是目的，我也不是通过发东西吸引你们，对吧？刚开始肯定是，多少有这个意思，鼓励大家来参加社工服务活动。但是后来性质一定要变得呀！一定要引导他们，不能这样，得逐渐让他们能主动参与进来。我说我不发东西你就不来了呗！那你可以不来，我直接这么说。

再一个我发现就是服务之后，他们会主动跟你沟通，主动跟你玩儿，主动帮你干活儿。但是我不是说在意老人就是帮我收拾屋子，因为他不干我也能干。但是参与的感觉是不一样的，其实我们开展这项服务需要的就是他们真正参与进来。帮你收拾这个那个的，也是他们价值的体现。其实干与不干对社区来说没有多大的区别，但对于老人来说是不一样的，他真正能干的时候他就把这里当家了。比如我说，"阿姨们，今天活动帮我组织签到哈！"她们会说："没问题！"他们自己就能管了，社区服务开展需要的就是这些。（QYX-JS 社区副主任-20200922）

可见，通过政府购买老年社会工作服务，老年人会对来自社区与养老服务机构的养老服务形成认同与接纳，并主动参与到服务活动当中。这就需要政策的进一步激励和引导，使服务主体能够以服务开展的持续性为供给目标，给予老人家庭情感性服务的同时实现服务种类的丰富化，让老年群体在感性服务中形成对社会养老服务新的构念认知。

二 针对服务类别的绩效与奖惩指标

对于实现多元化感知类社会养老服务的供给，需要政府针对养老服务类别设计相应的项目标准与奖惩措施。由于购买服务中项目目标设立与服务清单的管理主要由政府掌控，政府在项目的始端和终端对养老服务资源进行调配与管理，并将养老资源的具体使用交由服务机构执行，老年人对服务机构进行自由选择，从而形成养老服务的社会化供给。而强化多元感知类养老服务的发展，就需要政府在服务项目设计中对服务菜单进行优化，促使养老服务机构以多元化的项目标准提供社会养老服务。

在购买养老服务项目设计上，政府可通过限制基础性的餐饮、家政服务提供的次数，并增加健康、心理等康养类服务提供的要求，平衡多元服务项目的种类，提升老年人对深层次养老服务的利用度。针对目前居家社区养老服务种类单一、未能有效引导消费等现实问题，需要政府在购买服务项目设计上，将服务类别作为服务评价的指标之一，在服务项目协议中明确多元化服务（如健康、心理等）的供给的次数、所占比例、服务方式等，并据此针对未能完成多元服务供给指标的养老服务机构予以惩罚。对于能够创新服务类别及实践方式的服务机构，给予相应的物质和精神奖励。同时，对服务机构推行的实现养老服务长效发展、满足老年人深层次需求的创新型服务方案，给予充分的政策支持并创造执行条件。通过反向约束与正向激励的服务奖惩指标设计，促使养老服务机构提供多种类的社会养老服务，满足老年人结构性的服务需求。据社区养老服务负责人反馈：

　　希望政府给予他们（老人）更多的关注。政府的相关政策出台不少，但执行的效果、实施的成果不够明显。需要政府提供经费、人员支持，政府划拨专项经费服务老人。但是这个得结合我们的实际情况来说，专项经费应该是真正为社区所用。上级部门可以把关，但是这笔钱得真正用到社区的专项服务当中。比如我们有个自己的社会组织，政府要购买3万元的项目服务，我们制定计划，拿出活动方案。人员支持指的是专业人员支持，包括医疗卫生、心理、法律专业人员，这是基础的一些人员方面的支持，剩下其实举办活动的话，外协人员等很多方面都没有问题了。（QYX-JS社区副主任-20200922）

　　政府的关注程度、资源支持及政策设计对社会养老服务的供给具有重要的引领作用。目前，C市大部分居家养老服务组织，仅以政府购买服务项目为主要资金来源和业务范围，政府购买服务对多元化的要求形成了服务组织的自我要求，购买服务要求低则机构缺失自我提升的动力，进而难以具备面向市场的服务能力，社会养老服务供给无法实现长效发展。因此，还需加强政府对社会养老服务专项资金的支持，并通过对服务组织的有效激励，促进养老服务种类的多元化与内容的专业化，从而有效激发老年群体的潜在服务需求，提升老年人对社会养老服务的购买意愿。

三 优化老年人的服务评价细则

服务实践形式的深入发展还需进一步优化老年人服务评价的细则，将其作为养老服务机构开展制度协调服务实践的重要标准与依据。当前，C 市社会养老服务实践成效与项目评估中，仅注重简单的老年人满意度的测评，而难以深入了解服务本身的多元化提供情况与服务水准的高低，且由于服务组织对服务项目缺少讲解宣传，老年人对服务项目的了解程度偏低，导致服务评价端对服务过程的不当行为难以起到应有的制约作用。因此，需要对老年人服务评价指标进行细化，在项目成效与服务评估中从老年群体的需求和感受出发，对服务主体工作的规范性与服务态度等进行全面评价，以提升社会养老服务供给质量。

第一，老人评价细则需强化养老服务供给的规范性。增加养老服务供给类别维度的服务评价标准，强调服务供给的多元化，让老年人能够通过服务评价对健康、心理等多元养老服务的提供情况进行反馈，在动态化项目监管与服务机构评估中，有利于促使服务组织及时调整运行方式，满足老年人的结构性养老服务需求；强调依老年人的个体需要及时提供养老服务，在评价标准中围绕服务提供的及时性、与老年人日常生活的契合性进行设计，实现社会养老服务的日常生活化，使老年人的家庭养老生活习惯与日常状态能够延续；确保服务的整洁度、安全性等基本服务规范的实现，在评价标准中细化对餐饮、家政等服务具体执行情况的考核，约束服务机构的低质量服务供给行为，减少老年人对服务的不满及排斥。

第二，老年人的服务评价指标设计需注重服务工作的态度与服务人员的服务意识。对老年人服务评价指标的设计，既需关注老年人接受服务后所取得的成效，还需重视服务过程中服务主体的服务态度及其职业素养。在服务过程中，服务主体能够以为老年人提供"类家庭情感"服务为核心，在社会养老服务供给中融入家庭式情感，获得老年人的认可与接纳。在服务人员的服务态度评价方面，注重以平等关怀、接纳尊重、包容耐心等亲情化的服务态度对待老年人。在服务意识评价方面，服务主体能够具备职业素养与道德责任，富有爱心和奉献精神，以老年人的切实服务需求为服务目标，为老年人提供符合其自由与意愿的个性化情感性服务。以"类家庭情感"服务为核心注重对服务过程评价的设计，促使服务主体将服务供给和传统养老习惯与文化相契合，提升社会养老服务发展的社会合法性。

第三，对于专业化的健康、心理等方面的社会养老服务的提供，还需以科学化的量表对老年人的身心健康状态进行测量，实现专业性养老服务的深化发展。如在对老年群体慢性病自我管理、抑郁情绪缓解等专业化的养老服务实践的评价方面，由于老年人对自身的变化情况难以通过简单化的行为、态度等指标准确地呈现，因此需要通过慢性病自评量表、抑郁症量表等专业化的测评量表，对服务效果进行详细考量，在服务前测与后测的对比中，直观反映出老年人身心健康状况变化的程度。在科学化的评价指标中推动养老服务实践模式的创新发展，以专业性提升服务的社会认知度，满足老年人对专业化养老服务的深层次需求。

与此同时，基于细化的老年人服务评价情况，制定规则约束和激励服务机构的服务供给行为。对服务规范性、服务态度与职业素养评价高的机构给予物质和精神上的奖励，对服务评价低的服务机构视情况取消其已完成的服务订单，或停止其对服务项目的执行，对服务主体予以惩戒。以被服务者的服务过程及服务结果为评价内容，尤其重视过程性评价细则的建立与设计，使评价标准作用于养老服务本身。在评估组织与专业力量的推动下持续深入研究并优化社会养老服务的评价模型，建立精细化、科学化的老年人服务评价细则，从老年人需求的角度对社会养老服务质量予以考量，从而提升老年群体对服务的参与度及认可度。

第二节　建立制度协调的服务主体监管机制

建立能够有效保障社会养老服务正式制度与非正式制度协调运行的监管机制，约束服务主体的失范行为。以嵌入式监管强调对养老服务过程、服务态度、各类家庭情感养老服务供给等的监督管理，并从不同主体的角色功能出发，采取合作式的监管模式对低质量的机构服务、政府寻租等问题进行管控。还需在第三方评估中规制政府及社会组织的评估行为，对服务机构行业准入与退出进行严格管理。以规范化的制度协调监督机制，规避社会养老服务发展中的制度风险。

一　嵌入式合作监管规制服务供给

转变外围形式化的事后监管为基于服务过程的嵌入式监管。由于在服务过程中缺乏监督，服务结果的事后评估往往会流于形式，且养老服务的供给评价具有体验性，唯有服务接受者亲历服务过程才能够准确掌握服务的质量。因此服务监管中需要监管主体不仅对服务结果进行考核，还需对服务过程予以监管。一方面，强调服务过程的规范化，对于服务种类、服务失范行为等进行监督。养老服务机构在实践中是否提供了专业性的多元养老服务，老人的结构性需求能否真正得到满足，需要监管主体参与到养老服务的实践中，对服务类型的实际供给情况与服务效用进行考量。在 C 市居家养老服务机构评估中，有部分机构仅为承接政府购买服务而作为空壳机构运行，导致服务机构实质性的运营发展缺失，或在居家社区服务过程中存在对老年人进行欺瞒、合谋套现等服务失范行为，需要嵌入式的过程监管予以有效约束。另一方面，关注养老服务过程中的服务态度、"类家庭情感"服务供给与服务主体的责任意识等实践情况。由于为老服务具有情感性与责任伦理等特性，单一针对服务结果的监督难以切实把握服务人员的态度与职业素养，因此需要监管主体在服务体验或观察中对养老服务进行评价，促进情感性养老服务的实践发展，实现社会养老服务正式制度与非正式制度的协调。

同时，针对监管主体单一性与实施形式化易产生的服务机构失范行为，还需采取多主体包括政府部门、第三方组织、社会公众及服务机构自律的合作式监管。由于养老服务组织受市场经济规则影响，大多为了实现利润最大化，压缩服务成本而影响社会养老服务供给的质量；部分地方政府部门会利用养老服务供给的模糊性，进行权力寻租，形成资本与权力的合谋，为攫取私人利益而损害社会的公共利益。因此，对居家社区与机构养老服务的监管应发挥不同主体的角色功能，基于不同利益群体的角度对服务供给与项目实践进行监管。在充分发挥专业性第三方评估组织对服务的监督评价作用的基础上，采取社会媒体、政府部门与机构内部的合作式监管模式，对低质量的社会养老服务供给、政府的寻租行为等进行有效制约。通过嵌入式合作监管为制度协调的社会养老服务实践提供机制保障，预防社会养老服务发展中的制度风险。

二 规制社会养老服务实践的评估

对于居家社区与机构养老服务实践的评估，C市逐步引入除政府及养老服务机构以外的第三方社会组织，对养老服务机构的管理能力、财务审计、项目执行、服务成效等维度进行指标划分与量化评估。2017

至 2018 年，C 市开展了第三方对全市养老机构的等级评定工作；2019 年，C 市民政局利用居家和社区养老服务改革试点资金 17.2 万元，委托 HJ 社会组织开展了全市居家养老服务机构等级评定项目；各区级民政局针对辖区内政府购买居家社区养老服务项目，委托 HX 养老评估中心等社会组织开展每半年一次的养老服务评估工作。目前，第三方评估已成为 C 市社会养老服务领域内常态化的工作实践，从评估的价值功能上看，第三方评估具有独立性与专业性，更能够促进服务质量的提升、约束服务提供者行为、提供科学决策支持并为未来评估积累经验（姚轶蓝，2014），C 市所开展的第三方评估项目，提升了社会养老服务的规范管理能力，使养老服务评估体系得到了发展。然而，从 C 市社会养老服务评估的具体实践上看，其评估的有效性仍面临来自利益相关方的约束和阻碍，第三方评估在法律细则上未做出明确规定，且评估过程缺少监督与评价机制的规制。这导致第三方评估工作的随意性与不可持续性（李春、王千，2014），缺乏公正客观性与权威稳定性，造成社会养老服务评估的形式化，而难以起到评估的有效制约作用。

因此，需要对社会养老服务实践的评估进行规制，以便有效制约居家社区及机构养老服务供给过程中存在的失范行为。首先，明晰社会养老服务评估工作的法律细则。第三方评估作为政府购买养老服务领域依法行政的重要尝试，相关法律法规的制定是其有序开展的必要条件，而目前 C 市尚无地方性法律对评估主体的地位与行为进行明确规定，需在《C 市养老机构等级评定办法》《C 市养老机构等级评定标准》的基础上，协同各部门明晰第三方评估相关法律细则，确立养老服务评估的法律地位。其次，规范养老服务评估程序。按照科学规范的服务评估流程，对评估执行的主体、时间、指标体系等进行规范管理，并健全养老服务评估的信息保真与结果运行机制。再次，落实第三方评估主体的监管责任。社会养老服务发展不仅需要对服务供给机构进行监管，还需要对服务的评估组织行为予以规范。这就需要建立评估组织信息资源库，完善登记管理信息，将评估主体的业务开展、信用情况及社会反响等资料进行记录和归档，便于利益相关者进行查询并予以监督。实行对服务评估主体的行为规制，能够提升评估组织的合法性及独立性，从而以规范化的监管评估机制促进制度的实然变迁。

三　严控服务机构的行业准入退出

细化养老服务机构的行业准入条件及相关程序，对于机构的市场准入进行严格审批。机构的各方面资质条件决定服务机构的运营及具体实践的质量，对于专业、专职服务人员数量及服务场所设施等不完备的养老服务机构，其基础性的服务规范化供给难以得到充分保证，从而产生养老服务机构服务供给的行为失范问题。在 C 市 E 区政府购买居家社区养老服务项目评估中，如 ZX 居家养老服务机构中缴纳保险的专职服务人员仅有 2 人，大部分是机构雇用的兼职家政服务人员，且机构办公规模狭小，办公地点面积仅约 80 平方米，服务机构为获取政府购买服务项目，赚取更多的经济利益，在项目执行中则通过网络平台的虚假订单操作，欺瞒老人并套取项目资金，导致社会养老服务正式制度安排的失效。这就需要从源头上细化养老服务机构的行业准入标准，严格把控服务机构的运营条件及相关资质，使养老服务供给质量得到保障。相关法律法规需进一步细化与可操作化，民政部门在审批养老服务机构市场准入时，应严格依据法律规定的条件和程序予以审查，并围绕服务机构的服务宗旨和服务范围对其基础设施、专业人员构成等基本条件进行明确而详细的认定和考察。

与此同时，完善养老服务行业的退出规定，并严格执行机构的退出管理。针对服务机构服务供给中出现的行为失范问题，尚未形成完善的行业退出机制，对于养老机构存在的不当服务行为、居家社区服务中对老年人的欺瞒及合谋套现等失范行为，缺少相应明确的惩罚及退出规定，惩戒方式多仅以口头警告为主，缺少严格的行业退出规定。对此，政府需进一步细化养老服务行业的退出规定，加强相关立法规范，对于行业违规行为进行严格管控，对从业人员及服务机构的违规行为予以有力惩戒。同时有效辨识服务过程中的投诉问题，建立明确的行业惩罚措施，通过行业退出机制的建立、完善和严格执行，促使老年人及其子女的权益得到保障。在正式制度与非正式制度协调方式建立的基础上，对服务实施的激励与监管机制进行创新与规范建构，进而实现对社会养老服务发展困境的超越。

第八章

结论与展望

第一节　主要结论

本书以 J 省 C 市社会养老服务发展的政策实践为例，基于 J 省 C 市的居家社区、机构养老服务实践探析其发展的现实问题，在制度变迁视角下解析社会养老服务发展问题。主要得出以下结论。

第一，当前社会养老服务发展面临供需失衡的现实问题。具体体现为养老机构床位空置率高、盈亏不平衡、机构服务设施利用率低且老人及其子女接受度偏低。而在居家社区养老服务政策实践中，政府与服务机构则陷入两难境地：一方面，政府在引导老年人形成购买居家社区养老服务的消费习惯、推动居家社区养老服务供给发展时面临阻碍；另一方面，居家社区养老服务机构在政府资助以外的盈利点不足，自主生存与发展空间受限。社会养老服务发展存在潜在需求量大而服务利用率、满意度及消费意愿低的现实问题。

第二，社会养老服务发展问题在制度层面的根源在于其发展过程中相关正式制度与非正式制度的不平衡。在制度变迁理论框架下，社会养老服务的发展是一个制度变迁的过程，这涉及制度的构成要素、个体行为动机及制度变迁的动力机制，社会养老服务发展问题源自相关正式制度与非正式制度的不平衡。具体说来，一方面，非正式制度的变迁具有延续性，家庭养老传统与思维惯性深刻影响老年人及其子女对社会养老服务的选择，且老年人对养老服务的消费行为存在理念上的固化；另一方面，正式的社会养老服务制度仍不完善，未能基于场域内的非正式制度进行设计安排，且难以起到引导相关非正式制度变迁的作用，体现为我国社会养老服务正式制度演进主要以理性和效率为前提，由国家和社会集体设计形成，且服务评价指标存在路径依赖下的行政化取向。与此同时，社会养老服务实践的"去家庭化"难以满足老年人及其子女对养老服务的期待，简单化的"餐饮+家政"的服务供给模式与"类家庭情感"服务的缺失，造成了社会养老服务发展中正式制度与非正式制度间的不平衡。

第三，提出社会养老服务发展制度协调的方式。立足于非正式制度建立社会养老服务正式制度安排，并通过相关正式制度的完善推动非正式制度的变迁，以正式制度和非正式制度演变的一致性消解社会养老服务发展中的制度冲突。

其一，以社会成员的感性认知及社会传统为基础，以我国的家庭养老传统为基础设计相应的正式制度安排。政策规划上转变政府长期以来遵循的行政化的行为逻辑，以促进专业化服务、满足老人的家庭情结为养老服务政策规划的基本取向，设计深入长效化的服务评价体系；制定需求导向型的养老服务政策，关注老年人深层次的内心服务需求；重视老年人及其子女的感性意识及行为选择，将传统家庭养老的亲情属性融入社会养老服务的正式制度安排中，弱化"反馈模式"下老年人及其子女对社会养老服务的排斥；强调社会养老服务的日常生活化，社会养老服务应是老年人居家养老生活状态的延续而非替代，并在适老化环境建设中融入情感型的设计安排，满足老年人深层次的需求。

其二，完善正式制度以促进非正式制度的变迁。由于非正式制度对个体选择具有深远影响，在制度的渐进性变迁中起着重要作用，当制度不平衡产生时，即使组织在形式上依然维持和保留着正式的制度规范，但在制度的相互作用中，社会成员将以非正式制度作为真正的行为指引。因此，对非正式制度进行改造才能使制度的冲突失去存在的基础，使正式制度能够内化为公众认同的行为准则。具体包括制定社会提供养老服务的文化政策，重视提升老人的生命质量，丰富传统养老文化的内涵；加强服务实践价值理念的政策引导，提升服务组织的社会责任感，增强服务人员的职业认同。建立嵌入价值理念、习俗传统等非正式制度的社会养老服务正式制度安排的同时，引导变革相关非正式制度以适应社会结构的变迁，为正式制度的演进提供内在的理念支持与推行空间。

第四，提出社会养老服务制度协调实施机制的构建。正式制度与非正式制度的实然变迁与融合，还需要建立相应的制度实施机制。实施机制即对违反制度的主体施以管制约束，并对遵守制度的主体给予引导激励。制度实施机制的不完善也将导致制度偏离其自身的预期功能，产生制度执行中的不确定性，从而难以实现制度的应然约束作用。因此，社会养老服务发展中正式制度与非正式制度的协调，还需建立相应的规范化监管与制度协调服务供给的激励机制。通过构建制度协调实施机制，保障制度协调方式的运行，规避和化解社会养老服务发展中的制度风险与制度偏差。

其一，建立促进正式制度与非正式制度协调的服务实践的激励机制。通过制定制度协调导向的服务政策，引导服务机构基于多元化感知的养老服务，实践"类家庭情感"服务，构建能够丰富养老服务类别的绩效与奖惩指标，并优化老年人对社会养老服务评价的细则。基于激励机制的建立促动养老服务机构提供制度协调的服务实践，推进社会养老服务形式的深化发展。

其二，构建能够有效保障社会养老服务正式制度与非正式制度协调运行的监管机制，约束服务主体的失范行为。以嵌入式监管强调对养老服务过程、服务态度、各类家庭情感养老服务供给等的监督管理，并从不同主体的角色功能出发，采取合作式的监管模式对低质量的机构服务、政府寻租等问题进行管控，在第三方评估中规范政府及社会组织的评估行为，实行服务机构行业准入与退出的严格管理。以规范化的制度协调监督机制，规避社会养老服务发展中的制度风险与制度偏差。通过制度协调实施机制的构建进一步保障社会养老服务相关制度均衡的实现，以有效应对我国社会养老服务发展的现实问题。

第二节　研究的创新和不足

一　创新之处

（一）引入新的视角

本书基于制度变迁视角，从动态历史性角度分析社会养老服务发展困境的根源，扩充了当前社会养老服务发展静态的供需分析框架。本书提出社会养老服务发展问题的根源在于相关正式制度与非正式制度间的不平衡，并对我国社会养老服务发展中的制度不平衡性进行详细阐释，继而以制度变迁与协调为切入点，立足社会养老服务发展的现实基础，提出社会养老服务发展制度协调的具体方式及其实施机制的构建，为推动构建中国特色的社会养老服务体系拓展了理论研究的空间，为我国社会养老服务实践的深化与机制构建提供深层的理论依据。

（二）提出制度协调的路径

既有研究主要基于统计数据对社会养老服务供需失衡问题进行分析，继而提出深化供给侧结构性改革，或从需求侧提出为老年人提供服务补贴等。这为全面分析社会养老服务发展瓶颈、提出有针对性的发展路径起到重要的推动作用，但忽视了我国以孝亲为基准的道德规范与人伦文化对个体选择的影响，忽略了制度层面变迁的渐进性与连续性对人们行为的规范及约束。因此，本书在相关数据支撑的基础上，采用半结构式访谈的方法深层次了解老年人及其子女潜在的情感反应、习惯信念及对社会养老服务的态度与选择等。同时，在社会养老服务发展研究中引入参与式观察方法，切实感知和了解政策的实践情况，从而提出我国社会养老服务制度协调的发展路径，进一步保障与深化我国社会养老服务政策实践的发展。

二　可能存在的不足

本书运用访谈法所获取的实证材料易受老年人及调查者主观心理或偏见的影响，可能导致资料的客观性不足，且参与式观察法涉及观察者与观察对象间的关系问题，研究过程中观察者可能会对观察对象的行为产生一定的影响而偏离实际结果。因此，本书采取现有统计资料分析法及问卷法作为数据支撑，力求全面把握和分析研究主题。但资料搜集过程中所存在的客观性问题以及研究结论的全国适用性问题，仍需在未来的学习工作中进一步深入探讨与完善。

第三节　未来展望

由于我国社会养老服务的发展同时交织着传统与现代观念、伦理与代际交换、家庭与个体责任等维度的变迁，其发展过程中所面临的供需失衡的现实问题，并非理性与效率导向的政策推进，或静态的供求逻辑分析框架就能够有效化解。在制度变迁视角下，社会养老服务供给的不足、低质与错位，部分老年人的收入来源不足、消费总量偏低且结构不合理的表象，根源在于制度变迁过程中制度结构的不均衡，即正式制度与非正式制度间的失衡。因此，我国社会养老服务的发展需基于过去的制度存量与制度结构，形成中国特色社会养老服务发展制度协调的方式与实施机制。基于非正式制度的正式制度重塑，及对延续性非正制度的改造，在家庭情感性、多元感知类的制度协调的养老服务实践中，摆脱社会养老服务发展困境。

对于构建相关正式制度与非正式制度的协调方式和实施机制，我们不仅需要依靠个别服务实践环节的验证以及理论上的指导与支持，更重要的是，这些机制需要经过整体社会结构中的政策实践进行全面而深入的检验。

而对于相关正式制度与非正式制度协调方式和实施机制的构建，不仅需要依靠个别服务实践环节的验证及理论上的指引与支撑，更需要通过嵌入整体社会结构中的政策实践予以全面而深入的检验。这就需要将制度协调的途径运用于居家社区养老服务及机构养老服务的实践当中，使老人享有"类家庭情感"社会服务，满足其潜在的养老服务需求，从而在根本上摆脱社会养老服务发展困境。同时，对制度协调方式和实施机制政策实践中的阻碍展开进一步探讨，使社会养老服务制度协调的途径能够有效应用于整体社会结构之中。不仅有利于为中国特色养老服务体系的构建提供理论层面的拓展与支撑，还为社会养老服务实践的深化发展赋予了创新性的推动。

附　录

附录一　调查问卷

第一部分　居家社区养老服务状况老年人调查问卷

您好！为了充分了解 J 省 C 市居家社区养老服务的实践状况及老年人的居家社区养老服务需求情况，更好地为老年群体提供符合需要的社会服务，JL 大学师生与 C 市 E 区民政局联合，共同开展此次调研活动，麻烦您帮忙填答。您的个人信息我们会严格保密，非常感谢您的支持与配合！

1. 您接受过居家老年服务吗？［单选题］ ＊

○接受过

○没有

2. 您接受过哪些日常服务？［多选题］ ＊

□餐饮服务（如买菜、做饭、喂饭等）

□家政服务（钟点工、房间打扫等）

□生活照料（理发、沐浴等）

□专业康复护理（医疗、保健等）

☐维修服务（如家电、管道维修等）

☐健康管理（如慢性病防治等）

☐法律援助

☐心理慰藉

☐紧急救援

☐其他（请说明）＿＿＿＿＿＿＿＿＿＿ ＊

3. 每个月都有服务吗？［单选题］ ＊

　　○是

　　○否

4. 每个月为您服务几次？［单选题］ ＊

　　○0 次

　　○1 次

　　○2 次

　　○3 次

　　○4 次及以上

5. 服务及时吗？［单选题］ ＊

　　○及时

　　○不及时

6. 您对居家社区养老服务满意吗？［单选题］ ＊

　　○非常不满意

　　○不满意

　　○一般

　　○满意

　　○非常满意

7. 除了政府补贴服务券外，您自己是否愿意花钱购买养老服务？［单选题］ ＊

　　○ 愿意

　　○ 不愿意

8. 您有没有接受过除自助餐以外的其他服务呢？（可据老年人回答在横线上填写原因）［单选题］ *

　○有_____

　○没有_____

9. 有没有只送东西而不是餐饭的情况？［单选题］ *

　○有_____

　○没有_____

10. 居家社区养老服务都有哪些服务项目您了解吗？［单选题］ *

　○了解_____

　○不了解_____

11. 您觉得最需要的服务项目是哪些呢？［多选题］ *

　□餐饮服务（如买菜、做饭、喂饭等）

　□家政服务（钟点工、房间打扫等）

　□生活照料（理发、沐浴等）

　□专业康复护理（医疗、保健等）

　□维修服务（家电、管道维修等）

　□健康管理（慢性病防治等）

　□法律援助

　□心理慰藉

　□紧急救援

　□其他（请说明）_____ *

第二部分　老年人养老服务需求、认知状况调查问卷

您好！为了充分了解 J 省 C 市养老服务的实践状况及老年人的养老服务需求情况，更好地为老年群体提供符合需要的社会服务，JL 大学师生与 C 市卫健委联合，共同开展此次调研活动，麻烦您帮忙填答。

您的个人信息我们会严格保密，非常感谢您的支持与配合！

1. 所在地：_____区（县）_____乡镇/街道_____社区 ［填空题］ *

2. 您的出生年份：_____ ［填空题］ *

3. 子女数量：［单选题］ *

　　○A. 0 个

　　○B. 1 个

　　○C. 2 个

　　○D. 3 个

　　○E. 4 个

　　○F. 5 个及以上

4. 您和谁居住在一起？［单选题］ *

　　○A. 自己独居

　　○B. 只和配偶同住

　　○C. 和独生子女同住

　　○D. 和多子女中的一个同住

　　○E. 在多子女家轮住

　　○F. 与（外）孙子女同住

　　○G. 和保姆同住

　　○H. 其他（请说明）_____ *

5. 一般子女多久探望您一次？［单选题］ *

　　○A. 每天都来

　　○B. 每星期一次

　　○C. 每月一次

　　○D. 半年一次

　　○E. 一年一次

　　○F. 一年以上

6. 平常有人照顾您吗？［单选题］ *

　　○A. 有

　　○B. 无

7. 平常主要由谁来照顾您？［单选题］ *

　　○A. 配偶

　　○B. 子女

　　○C. 孙子女

　　○D. 其他亲属

　　○E. 朋友或邻居

　　○F. 志愿人员

　　○G. 家政服务人员（保姆、小时工等）

　　○H. 医疗护理机构人员

　　○I. 养老机构人员

　　○J. 社区工作人员

　　○K. 自己照顾自己

　　○L. 其他（请说明）_____ *

8. 您每个月的收入大约是多少？［单选题］ *

　　○A. 1000 元以下

　　○B. 1000～1999 元

　　○C. 2000～2999 元

　　○D. 3000～3999 元

　　○E. 4000～4999 元

　　○F. 5000～5999 元

　　○G. 6000～6999 元

　　○H. 7000 元及以上

9. 您每月收入的主要来源有哪些？［多选题］ *

　　□A. 再就业收入

☐B. 做生意所得

☐C. 股票、基金等证券交易收入

☐D. 退休金

☐E. 抚恤金

☐F. 低保金

☐G. 其他（请说明）_____ *

10. 您每月的消费支出大约是多少？［单选题］ *

　　○A. 1000 元以下

　　○B. 1000~1999 元

　　○C. 2000~2999 元

　　○D. 3000~3999 元

　　○E. 4000~4999 元

　　○F. 5000~5999 元

　　○G. 6000~6999 元

　　○H. 7000 元及以上

11. 您的钱平时主要花在了哪些地方呢？（最多选 3 项）［多选题］ *

　　☐A. 食品支出

　　☐B. 购买衣服

　　☐C. 看病就医

　　☐D. 购买保健品

　　☐E. 文娱旅游

　　☐F. 住房

　　☐G. 交通通信

　　☐H. 补贴子女

　　☐I. 雇用保姆

　　☐J. 其他（请说明）_____ *

　　☐K. 水电费等生活支出

12. 您目前的养老方式是？［单选题］ *

　　○A. 家庭养老（家庭成员照顾）

　　○B. 居家社区养老（上门或社区服务）

　　○C. 机构养老（福利院、养老院等）

　　○D. 互助养老（与他人相互支持帮助）

　　○E. 旅居养老（旅行、度假）

　　○F. 独居养老（独自居住）

13. 您觉得在家养老有哪些困难？（最多选 3 项）［多选题］ *

　　□A. 孤独

　　□B. 没人照顾

　　□C. 经济困难

　　□D. 子女不孝顺

　　□E. 居住条件不好

　　□F. 吃饭/做饭不方便

　　□G. 生病了不能及时就医

　　□H. 有紧急情况不能得到及时的帮助

　　□I. 没有困难

14. 您希望自己的养老方式是什么？［单选题］ *

　　○A. 家庭养老（家庭成员照顾）

　　○B. 居家社区养老（上门或社区服务）

　　○C. 机构养老（福利院、养老院等）

　　○D. 互助养老（与他人相互支持帮助）

　　○E. 旅居养老（旅行、度假）

　　○F. 独居养老（独自居住）

15. 您认为照料老人的责任应该主要由谁来承担？［单选题］ *

　　○A. 子女

　　○B. 老人自身

○C. 政府

○D. 社会

○E. 政府、社会、子女、老人共担

16. 您对以下社区老龄服务项目的供给、需要及使用情况如何？〔表格数值题〕 *

服务项目	是否有	是否需要	是否使用过
日常照顾（如助餐、助浴、家政）			
就医取药（如定期查体，义诊体检；上门看病，家庭出诊；陪同就医，接送看病；代为取药，送药上门；等等）			
康复护理（如老年辅助用品租赁；喂药、翻身、按摩服务；康复护理及保健指导或培训；等等）			
健康讲座（健康热线咨询）			
心理咨询（聊天解闷）			
休闲娱乐			
日间照料			

17. 对于上门或在社区的养老服务，您最看重什么？〔多选题〕 *

　□A. 服务态度

　□B. 服务价格

　□C. 服务的专业性

　□D. 服务种类多样化

　□E. 服务是否及时

　□F. 不需要服务

　□G. 其他（请说明）＿＿＿＿＿＿＿＿＿＿＿ *

18. 对于机构养老，您最看重的是什么？〔多选题〕 *

　□A. 服务态度

　□B. 服务价格

☐C. 服务的专业性

☐D. 服务种类多样化

☐E. 是否能用护理（医疗）保险

☐F. 离家远近

☐G. 不想去养老机构

☐H. 其他（请说明）＿＿＿＿＿＿＿＿＿＿＿ ＊

第三部分　老人子女养老服务支持·态度调查问卷

您好！为了充分了解 J 省 C 市养老服务的实践状况及子女对老年人的照护支持情况，更好地为老年群体提供符合需要的社会服务，JL 大学师生与 C 市卫健委联合，共同开展此次调研活动，麻烦您帮忙填答。您的个人信息我们会严格保密，非常感谢您的支持与配合！

1. 所在地：＿＿＿＿区（县）＿＿＿＿乡镇/街道＿＿＿＿社区 ［填空题］ ＊
2. 您的出生年份：＿＿＿＿＿＿＿＿＿＿＿ ［填空题］ ＊
3. 您每个月的收入大约是多少？［单选题］ ＊

○2000 元以下

○2000～3999 元

○4000～5999 元

○6000～7999 元

○8000～9999 元

○10000～14999 元

○15000 元及以上

4. 您父母的身体状况如何？［单选题］ ＊

○健康

○基本健康

　　○不健康但生活能自理

　　○半自理

　　○完全不能自理

5. 您父母多大年纪了？［单选题］　*

　　○50~59 岁

　　○60~69 岁

　　○70~79 岁

　　○80~89 岁

　　○90 岁及以上

6. 您希望您的父母如何安度晚年？［单选题］　*

　　○家庭养老（家庭成员照顾）

　　○居家社区养老（上门或社区服务）

　　○机构养老（福利院、养老院等）

　　○互助养老（与他人相互支持帮助）

　　○旅居养老（旅行、度假）

7. 您平常为家中老人提供哪些照料？［多选题］　*

　　□代购物

　　□配送餐（做饭）

　　□洗衣打扫

　　□陪同就医

　　□修理安装

　　□助浴理发

　　□康复护理

　　□聊天解闷

　　□陪同旅游

　　□无

8. 您平常每个月大概为父母提供多少经济支持？［单选题］ *

　　○无

　　○500 元以下

　　○500~999 元

　　○1000~1999 元

　　○2000~2999 元

　　○3000 元及以上

9. 您家里老人每年花销最多的是？（最多选 3 项）［多选题］ *

　　□食品支出

　　□购买衣服

　　□看病就医

　　□购买保健品

　　□文娱旅游

　　□住房

　　□交通通信

　　□补贴子女

　　□雇用保姆

　　□其他（请说明）＿＿＿＿＿＿＿＿＿＿＿ *

10. 如果送父母去机构养老，您最看重的是什么？［多选题］ *

　　□服务态度

　　□服务价格

　　□服务的专业性

　　□服务种类多样化

　　□是否能用护理（医疗）保险

　　□离家远近

　　□没有送老人去养老机构的打算

　　□其他（请说明）＿＿＿＿＿＿＿＿＿＿＿ *

11. 如果您的父母对养老方式提出异议，您会？ [单选题] *

　　　○总是服从老人意愿

　　　○虽不同意，但是服从

　　　○想方设法说服

　　　○不理会

12. 您觉得晚年幸福的生活包括哪些方面？（最多选3项）[多选题] *

　　　□身体健康

　　　□儿女孝顺

　　　□有朋友陪伴

　　　□有稳定的经济来源

　　　□受到社会和家庭的尊重

　　　□丰富的娱乐文化活动

　　　□能够继续发挥余热

13. 您认为照料父母主要面临哪些困难？ [多选题] *

　　　□没有时间

　　　□经济不足

　　　□工作负担重

　　　□照料精神压力大

　　　□与父母间存在矛盾

　　　□缺少专业照护技能

　　　□不存在困难

　　　□其他（请说明）＿＿＿＿＿＿＿＿＿＿ *

14. 您认为赡养老人的责任主要应该由谁来承担？ [单选题] *

　　　○子女

　　　○老人自身

　　　○政府

　　　○社会

○政府、社会、子女、老人共担

15. 您认为关于老人赡养问题，目前我国社会最严重的问题是什么？

　　[单选题]　*

　　○虐待老人问题

　　○缺乏生活照料

　　○医疗服务不完备

　　○社会保障制度不完善

　　○没有问题

　　○其他（请说明）_____　*

附录二　访谈提纲

第一部分　机构养老服务状况老年人访谈提纲

1. 基本情况

　　（1）所在养老机构？

　　（2）您的姓名、性别、年龄、学历、婚姻状况、自理情况？

　　（3）您家里有几个孩子？

　　（4）多久来探望您一次？

　　（5）您每个月的收入和开销大概是多少？

　　（6）您入住养老机构多久了？

2. 机构养老意愿与服务评价

　　（1）您觉得以前人们的养老方式和现在有哪些不同？

　　　　（观念、家庭状况、社会养老服务发展外在环境等）

　　（2）您为什么入住养老机构呢？

　　　　（自理能力、经济条件、家庭照料情况等）

（3）入住养老机构前有什么顾虑吗？

（经济条件、社会观念、他人看法等）

（4）入住的感受如何？

（是否有被隔离、孤单等消极感受）

（5）您觉得这样的服务怎么样？

（满意度、认可度、存在问题等）

（6）您会一直住在这里吗，为什么？

（子女支持、经济条件、他人看法、服务评价等）

3. 机构养老服务需求

（1）您每天都做些什么呢？

（日常起居、娱乐活动、与其他老人或服务人员交往互动情况）

（2）养老机构都为您提供哪些服务？

（康复保健、医疗体检、文体娱乐等）

（3）您觉得还有哪些需求没有满足，需要养老机构为您提供怎样的服务？

（服务方式、服务态度、服务种类等）

（4）您觉得养老机构有哪些需要改进的地方？

（服务设施、服务态度、服务方式、服务内容等）

第二部分　机构养老服务状况服务人员/管理者访谈提纲

1. 养老机构基本情况

（1）养老机构名称？

（2）养老机构性质？

（3）养老机构床位数、实际入住数、入住率？

（4）入住老人的类型？

（自理程度、经济条件、家庭状况）

（5）养老机构的发展历程与概况？

（养老机构成立时间、以前人们的养老方式、机构阶段性发展情况）

（6）养老机构工作人员数量、专业服务人员数量？流动情况？人员
是否不足？

（医疗护理、养老护理员、康复护理、心理咨询、社会工作者等）

2. 服务人员/管理者基本情况

（1）您的姓名、性别、年龄、学历、专业？

（2）您在机构的职务？

（3）您在这里工作多久了？

（4）您从事养老服务工作年限？

3. 服务工作情况与机构养老评价

（1）您平常的主要工作有哪些？

（照料服务、管理行政工作）

（2）您为什么从事养老服务行业？

（3）您会一直从事这个行业吗？

（4）老人刚入住机构，最常见的情绪反应有哪些？你们怎么帮助他
们摆脱不良情绪，适应养老机构的生活？

（养老机构与老人的子女沟通协调、养老机构服务方式）

（5）您觉得哪些因素最能影响老人们适应养老机构的生活？

（经济条件、生活习惯、传统文化、家庭情结、服务情况等）

（6）您觉得老年人及其子女最需要哪些服务？

（服务内容、服务方式、服务态度等）

（7）养老机构是否与政府、其他社会组织等合作开展服务活动？

（其他服务主体参与情况、多样化服务提供情况）

（8）您觉得服务或工作中面临哪些问题或障碍？

（社会文化障碍、具体照料服务问题、机构内部管理、外部支持等）

（9）您认为机构养老或社会养老服务未来发展如何？

（10）养老机构目前的监管情况如何？

（民政部门监管措施、机构内部监管等）

（11）您觉得养老机构的进一步发展需要具备哪些条件与政策支持？

（服务提供方式、服务设施建设、服务管理、政策扶持等）

第三部分　居家老年人社会养老服务状况访谈提纲

1. 基本情况

（1）所在社区？

（2）您的姓名、性别、年龄、学历、婚姻状况、自理情况？

（3）家里有几个孩子？

（4）您和子女居住在一起吗？他们多久会来探望您一次？

（5）您每个月的收入和开销大概是多少？

（6）您平常生活大部分时间都做些什么呢？

2. C市社会养老服务发展历程与服务认知度

（1）您一直都居住在C市吗？您觉得现在和以前相比养老有哪些不同？

（养老观念、家庭状况、养老服务发展阶段、社会养老服务发展外在环境）

（2）您觉得老人赡养应该主要由谁来承担？

（子女、社会组织、社区、政府等）

（3）您如何看待机构养老、居住在家由社区或服务组织提供养老服务？

（发展现状、未来趋势、服务认知度）

（4）您愿意接受机构、社会组织、社区提供的养老服务吗？原因是什么呢？

（养老观念、生活习惯、社会养老服务满意度、接纳程度等）

3. 社会养老服务需求情况

（1）您对社会提供为老服务的要求主要有哪些呢？

（服务种类、服务方式、服务态度、设施建设等）

（2）对您来说最重要的养老服务需求有哪些？

（日常照料、医疗护理、康复保健、精神需求等）

（3）您接受过哪些社区或服务组织提供的服务？您觉得满意吗？有哪些建议？

（服务满意度、服务成效、对社会组织及社区工作的建议、政策建议）

第四部分　社区服务人员/社会工作者访谈提纲

1. 社区概况

（1）所在社区？

（2）社区人口数量、老年人口数量及比例？

（3）社区面积、养老服务设施建设情况？

（4）社区工作人员数量、专职及专业养老服务人员情况？

（5）居家社区养老服务发展历程？

（居家社区养老服务最初的实践、发展过程、发展阶段、养老方式的发展）

2. 社区服务人员/社会工作者基本情况

（1）您的姓名、性别、年龄、学历、专业？

（2）您在社区的职务是什么？

（3）您从事社区服务、养老服务多久了？

3. 服务工作情况与居家社区养老服务评价

（1）您平常的主要工作有哪些？

（养老服务、管理行政工作）

（2）社区为老年人提供了哪些服务？服务形式包括哪些？

（日常照料、康复保健、医疗卫生、家庭医生、精神慰藉；医养结合、政府购买等）

（3）是否与社会组织合作开展服务活动？具体提供了哪些服务？

（居家养老服务机构、社会工作服务机构、慈善组织等）

（4）居家社区养老服务现在有哪些新的发展？

（物业参与、互联网＋、设施建设、发展倾向）

（5）您觉得当前居家社区养老服务发展主要面临哪些困境或障碍？

（文化观念、生活习惯、资金缺乏、人员不足、具体照料服务问题、设施建设等方面）

（6）您觉得老年人需要什么样的社会服务？

（服务地点、服务方式、服务种类、服务价格等方面）

（7）您觉得为满足老人需求，社区提供居家养老服务需要哪些政策支持？

（服务设施、服务人员、服务合作、具体政策等）

（8）您觉得居家社区养老服务或社会养老服务的进一步发展，需要着重改善哪些方面？

（服务外部支持、养老文化习惯、服务方式、服务态度、服务类型等）

第五部分　子女对社会养老服务认知状况访谈提纲

1. 基本情况

（1）所在社区？

（2）您的姓名、性别、年龄、学历、婚姻状况、健康状况？

（3）您的父母今年多大年纪了？

（4）您和您的父母居住在一起吗？一般多久探望他们一次？

（5）您每个月的收入和开销大概是多少？

2. C 市社会养老服务发展历程与服务认知度

（1）您一直都居住在 C 市吗？您觉得现在和以前相比养老有哪些不同？

（养老观念、家庭状况、养老服务发展阶段、社会养老服务发展外在环境）

（2）您如何看待逐渐发展的居家社区或机构养老服务，您愿意接受吗？原因是什么？

（服务质量、服务发展、服务接受度；经济条件、文化观念、生活习惯）

3. 对父母养老服务方式的态度

（1）您的父母身体健康状况怎么样？现在生活可以自理吗？是在家还是在养老机构，平常主要由谁来照顾他们？

（2）您因工作或家庭等原因无法为他们提供照料时，会送父母去养老机构吗？还是让老人居住在家里？您觉得父母怎样安度晚年比较好？

（3）您觉得老人赡养应该主要由谁来承担？

（子女、社会组织、社区、政府等）

（4）您觉得父母需要什么样的社会服务？

（服务地点、服务种类、服务质量、服务态度、服务方式等）

（5）对于居住在家由社区、社会组织提供服务，养老机构提供的服务，您了解多少？您有哪些想法或建议？

（社会养老服务实践、制度环境、文化传统等方面）

附录三 受访者基本信息

姓名	性别	年龄	类属/职位	教育水平	备注	访谈时间
SD	男	39岁	JT养老机构院长	本科		2020.06.03
TM	女	40岁	HA养老机构护理人员	高中		2020.09.02
QYX	女	35岁	JS社区副主任	本科	负责居家社区养老服务工作	2020.09.22
ZM	男	41岁	QF社区卫生服务中心管理人员	本科		2020.06.25
YLP	女	68岁	YY社区老人	初中		2019.06.24
LX	女	38岁	XH社区书记	本科		2019.10.21
TJ	女	42岁	JT养老机构楼层长	高中	从事机构养老服务六年	2020.07.02
SJR	女	35岁	JS社区书记	高中	社区已开展三年居家社区老年社工服务项目	2020.09.29
GCH	男	84岁	JS社区老年人	本科	接受居家社区老年社工服务	2020.08.29
LXF	女	34岁	JT养老机构负责人	本科	机构同时开展居家社区养老服务项目	2020.09.20
KJ	男	41岁	BL社区老人子女	本科		2020.07.24
WH	女	29岁	YZ养老机构服务人员	本科		2019.07.20
WXH	女	34岁	YD养老机构护士长	本科		2021.02.28
LXM	男	35岁	FA社区工作人员	本科		2020.11.07
HYH	女	64岁	HJ村老人	初中	居家养老邻里互助服务项目志愿者	2019.11.03
JY	女	37岁	社区老年社工	本科		2020.09.26
LH	男	42岁	YS养老机构管理者	本科		2020.09.28
TL	女	39岁	ST社区书记	本科		2020.09.21
YFK	男	45岁	YY社区副主任	大专		2020.11.06
ZXQ	男	69岁	LX养老机构老人	中专		2020.08.05
BQF	男	83岁	E区居家老人	高中	接受居家社区养老服务	2019.09.09
WXY	男	84岁	E区居家老人	初中	接受居家社区养老服务	2019.09.09
GF	女	86岁	E区居家老人	高中	接受居家社区养老服务	2019.09.11
LSQ	女	65岁	OC社区老年人	高中	接受居家社区老年社工服务	2020.07.30
SJS	女	53岁	XX养老机构老人子女	本科		2020.12.23

姓名	性别	年龄	类属/职位	教育水平	备注	访谈时间
JY	女	39岁	JD社工机构老年社工	本科	从事老年社工服务八年	2020.09.27
LSQ	女	68岁	KY社区老人	本科		2020.08.01
ZMJ	女	32岁	JD社工机构社工	本科		2020.09.30
WJ	女	61岁	XZ养老机构楼层长	大专	在社区工作退休后从事机构养老服务六年	2021.03.02
BSH	女	54岁	XX养老机构董事长	中专	开办糖尿病专科医院十年后转为医养结合机构	2021.03.04
JXZ	女	65岁	LJ社区老人	初中		2020.11.26
DXY	女	38岁	BL社区老人子女	博士		2021.02.23
HYF	女	65岁	HJ村老人	小学	居家养老邻里互助服务项目受助者	2019.11.05
WM	女	67岁	KL社区老人	本科		2021.02.21
MYP	男	70岁	JS社区老人	初中		2020.10.28
LSQ	男	68岁	KL社区老人	高中		2020.11.06
SA	女	35岁	YY社区副书记	硕士		2020.11.20
YD	女	40岁	WX养老机构护理人员	高中		2020.09.30
LXM	女	65岁	OC社区老年人	初中		2020.07.31
HCZ	女	69岁	BL社区老年人	高中		2021.02.23

参考文献

[1] 曹飞廉、王洁，2018，《社区居家养老服务体系的建设思路》，《重庆社会科学》第 10 期。

[2] 曹立前、尹吉东，2018，《供给侧改革下养老服务业发展研究》，《河北大学学报》（哲学社会科学版）第 1 期。

[3] 曹休宁，2004，《论中国市场化进程中的制度协调》，《社会科学家》第 1 期。

[4] 常敏、孙刚锋，2017，《整体性治理视角下智慧居家养老服务体系建设研究——以杭州创新实践为样本》，《中共福建省委党校学报》第 3 期。

[5] 陈景亮，2014，《中国机构养老服务发展历程》，《中国老年学杂志》第 13 期。

[6] 陈宁，2017，《健康战略下我国居家养老服务供给：瓶颈与破解路径》，《当代经济管理》第 2 期。

[7] 陈社英，2017，《社区研究、社区养老与社会政策》，《人口与社会》第 2 期。

[8] 陈亚斌、蒲新微主编，2017，《长春市老年人口及老龄事业发展蓝皮书（2017）》，吉林大学出版社。

[9] 陈亚斌、蒲新微主编，2019，《长春市老年人口及老龄事业发展蓝

皮书（2019）》，吉林大学出版社。

［10］陈宇等，2018，《新时代机构养老的困境及医养融合机制创新》，《改革与战略》第7期。

［11］丁建定，2013，《居家养老服务：认识误区、理性原则及完善对策》，《中国人民大学学报》第2期。

［12］丁志宏、王莉莉，2011，《我国社区居家养老服务均等化研究》《人口学刊》第5期。

［13］董红亚，2010，《中国政府养老服务发展历程及经验启示》，《人口与发展》第5期。

［14］杜鹏、王永梅，2017，《中国老年人社会养老服务利用的影响因素》，《人口研究》第5期。

［15］范伟达，2001，《现代社会研究方法》，复旦大学出版社。

［16］封铁英、高鑫，2020，《路径依赖与路径创造：中国养老保险制度变迁逻辑》，《经济社会体制比较》第5期。

［17］高新会，2007，《转轨时期我国劳动关系制度失衡问题研究》，《中央财经大学学报》第6期。

［18］高岩、李玲，2011，《机构养老服务研究文献综述》，《劳动保障世界》第7期。

［19］辜胜阻、吴华君、曹冬梅，2017，《构建科学合理养老服务体系的战略思考与建议》，《人口研究》第1期。

［20］顾静，2014，《上海市居家养老供需非均衡问题及解决对策研究》，上海工程技术大学硕士学位论文。

［21］管吉哲，2013，《中国传统节俭观对当代消费伦理思想影响研究》，西安石油大学硕士学位论文。

［22］郭丽娜，2019，《居家养老服务供需平衡：基于"弹性"的经济学分析框架》，《中国老年学杂志》第5期。

［23］郭丽娜、郝勇，2018，《居家养老服务供需失衡：多维数据的验

证》,《社会保障研究》第 5 期。

[24] 郭文佳, 2006,《论宋代老人的救助政策》,《理论学刊》第 9 期。

[25] 国务院第七次全国人口普查领导小组办公室编, 2021,《2020 年第七次全国人口普查主要数据》, 中国统计出版社。

[26] 果婷, 2018,《沈阳市社区养老服务问题研究》, 辽宁大学硕士学位论文。

[27] 韩俊江、刘迟, 2012,《社区居家养老服务的多元体系建构》,《社会保障研究》第 6 期。

[28] 韩鹏、宗杭, 2018,《我国发展养老服务业的供需"瓶颈"与对策研究》,《经济研究参考》第 49 期。

[29] 韩烨、蒲新微, 2018,《居家养老偏好: 影响因素及其解释——基于长春市的调查》,《兰州学刊》第 4 期。

[30] 贺雪峰, 2020,《互助养老: 中国农村养老的出路》,《南京农业大学学报》(社会科学版)第 5 期。

[31] 黄智君, 2019,《集体林权改革中正式与非正式制度的冲突和调适》, 西北农林科技大学博士学位论文。

[32] 姬超、颜玮, 2013,《时间进程中的正式和非正式制度及其选择性变迁》,《经济与管理评论》第 2 期。

[33] 纪昊一、杨同卫、陈晓阳, 2015,《我国养老模式的社会化转型及养老机构的伦理问题探讨》,《中国医学伦理学》第 1 期。

[34] 姜春、刘辉, 2023,《积极老龄化背景下机构养老服务质量研究的理论框架及其新维度》,《宁夏社会科学》第 2 期。

[35] 李春、王千, 2014,《政府购买养老服务过程中的第三方评估制度探讨》,《中国行政管理》第 12 期。

[36] 李芳, 2018,《供给侧视角下养老服务业发展的着力点》,《管理世界》(月刊)第 6 期。

[37] 李京芳, 2012,《机构养老服务中社会工作方法的应用研究——

以苏州市社会福利院为例》，苏州大学硕士学位论文。

［38］李琳，2017，《民办社会养老机构低入住率困境的生成逻辑与优化发展》，《中共桂林市委党校学报》第 4 期。

［39］李文祥，2007，《社会建设中的制度风险与制度协调》，《天津社会科学》第 3 期。

［40］李文祥、赵紫薇，2021，《老年社会工作发展的制度冲突与协调》，《河南社会科学》第 3 期。

［41］李文祥、赵紫薇，2021，《制度变迁视角下社会养老服务发展的困境与超越》，《河北学刊》第 3 期。

［42］李晓方、孟庆国，2017，《制度冲突、变通能力与协作绩效——基于政务服务中心运行实践的扎根研究》，《公共管理评论》第 2 期。

［43］李志强，2022，《制度配置状态：制度耦合、制度冲突与制度真空》，《经济师》第 4 期。

［44］梁丽娟、李菲菲，2014，《时间银行：中国志愿服务模式优化的新路径》，《理论界》第 3 期。

［45］林闽钢，2014，《论我国社会养老服务的公益性及实现途径》，《人口与社会》第 1 期。

［46］蔺雪春，2017，《论生态文明政策和制度的改革与完善》，《社会主义研究》第 4 期。

［47］刘少杰，2007，《社会矛盾的制度协调》，《大津社会科学》第 3 期。

［48］刘少杰等，2012，《社会学理性选择理论研究》，中国人民大学出版社。

［49］刘银喜、任梅，2004，《制度失衡：中国发展战略重构的根源——以我国目前财政制度为例》，《内蒙古社会科学》（汉文版）第 6 期。

［50］刘瑛，2007，《高职院校正式制度与非正式制度的失衡与重构》，《职教通讯》第 11 期。

[51] 刘芸，2017，《公平与共享：我国养老保障体系的失衡性剖析与制度调整》，《温州大学学报》（社会科学版）第 2 期。

[52] 卢德平，2014，《略论中国的养老模式》，《中国农业大学学报》（社会科学版）第 4 期。

[53] 马岚，2019，《新中国 70 年来我国社会养老服务的本土化实践》，《兰州学刊》第 8 期。

[54] 马力、张前，2010，《公司治理制度的失衡与失效及其改革新方向：新制度经济学视角考察》，《现代财经》第 5 期。

[55] 马丽萍，2020，《构筑养老服务高质量发展综合监管防线》，《中国社会工作》第 2 期。

[56] 马志锰，2018，《我国机构养老文献综述》，《武汉船舶职业技术学院学报》第 4 期。

[57] 〔美〕道格拉斯·C. 诺思，2014，《制度、制度变迁与经济绩效》，杭行译，格致出版社。

[58] 穆光宗、王玉坤，2023，《中国机构养老的历史演进与当代启示》，《晋阳学刊》第 4 期。

[59] 乔晓春，2019，《养老产业为何兴旺不起来》，《社会政策研究》第 2 期。

[60] 全国老龄工作委员会办公室编，2018，《第四次中国城乡老年人生活状况抽样调查总数据集》，华龄出版社。

[61] 任大鹏、李蔚，2018，《正式制度与非正式制度的冲突与弥合——以食品标签制度为例》，《吉首大学学报》（社会科学版）第 1 期。

[62] 盛见，2019，《社会养老服务有效需求不足的根源分析与破解路径》，《中州学刊》第 12 期。

[63] 睢党臣、彭庆超，2016，《"互联网+居家养老"：智慧居家养老服务模式》，《新疆师范大学学报》（哲学社会科学版）第 5 期。

[64] 孙宏伟、孙睿，2013，《我国社会养老服务体系建设的政策选择》，

《东北大学学报》（社会科学版）第 4 期。

[65] 谭兵，2018，《工具运用与选择偏好：发展机构养老服务政策研究》，《中山大学学报》（社会科学版）第 5 期。

[66] 田钒平，2013，《路径依赖与制度变迁机理探究——以正式与非正式规则冲突的消解为视角》，《民间法》第 12 期。

[67] 童星，2015，《发展社区居家养老服务以应对老龄化》，《探索与争鸣》第 8 期。

[68] 王碧英，2018，《城市居家社区养老服务的现实困境与对策研究》，《湖北经济学院学报》（人文社会科学版）第 7 期。

[69] 王菲、刘映洁、孙冬梅，2020，《社会认同视角下养老护理人员职业化路径研究——以长春市为例》，《长江丛刊》第 1 期。

[70] 王理，2010，《正确认识西方经济学的非正式制度演化理论——基于马克思主义经济学的视角》，《海南大学学报》（人文社会科学版）第 1 期。

[71] 王琼，2016，《城市社区居家养老服务需求及其影响因素——基于全国性的城市老年人口调查数据》，《人口研究》第 1 期。

[72] 王向南，2018，《基于三方合作的社区居家养老服务模式探讨》，《学术交流》第 1 期。

[73] 王向南，2014，《中国非营利组织发展的制度设计研究》，东北师范大学博士学位论文。

[74] 王晓慧、向运华，2019，《智慧养老发展实践与反思》，《广西社会科学》第 7 期。

[75] 王永梅，2018，《教育如何促进老年人使用社会养老服务？——来自北京的证据》，《兰州学刊》第 11 期。

[76] 王震，2018，《居家社区养老服务供给的政策分析及治理模式重构》，《探索》第 6 期。

[77] 吴光芸、吴金鑫，2014，《我国政府信息公开制度的失衡与平衡》，

《理论视野》第 10 期。

[78] 吴时辉、徐佳，2008，《国有企业改革过程中的制度冲突与感性选择》，《长春理工大学学报》（社会科学版）第 3 期。

[79] 吴玉韶主编，2013，《中国老龄事业发展报告（2013）》，社会科学文献出版社。

[80] 向运华、姚红，2016，《养老服务体系创新：智慧养老的地方实践与对策》，《西安财经学院学报》第 6 期。

[81] 徐隽倬、韩振燕、梁誉，2019，《支付意愿视角下老年人选择社会养老服务影响因素分析》，《华东经济管理》第 8 期。

[82] 徐倩、陈友华，2019，《典型福利体制下社会养老服务国际比较与启示》，《山东社会科学》第 2 期。

[83] 徐倩、周沛，2016，《现状、进展及趋势：公共管理视角下关于我国城市社会养老服务研究的分析》，《中国海洋大学学报》（社会科学版）第 1 期。

[84] 阎云翔，2017，《社会自我主义：中国式亲密关系——中国北方农村的代际亲密关系与下行式家庭主义》，《探索与争鸣》第 7 期。

[85] 杨彦等，2019，《西部地区机构养老服务发展的现状及对策研究——以甘肃省为例》，《护理研究》第 12 期。

[86] 姚轶蓝，2014，《社区居家养老服务评估的系统化与政策保障——浙江杭甬典型社区调查》，《绍兴文理学院学报》第 7 期。

[87] 郁建兴、黄亮，2017，《当代中国地方政府创新的动力：基于制度变迁理论的分析框架》，《学术月刊》第 2 期。

[88] 张美君，2015，《改革开放前我国重生产、轻消费的社会发展机制论析》，《南方论丛》第 1 期。

[89] 张孟强，2017，《以供给侧改革为主线加快推进养老服务业转型升级》，《中国社会工作》第 3 期。

［90］张娜，2015，《农村社会养老服务需求与发展路径研究》，南京农业大学博士学位论文。

［91］张思锋、张恒源，2024，《我国居家社区养老服务设施利用状况分析与建设措施优化》，《社会保障评论》第 1 期。

［92］张岩松等，2016，《社会养老服务体系建设研究》，东北财经大学出版社。

［93］张彦、刘长喜、吴淑凤，2019，《社会研究方法（第三版）》，上海财经大学出版社。

［94］赵晓芳，2017，《积极老龄化视角下的"医养结合"：英国的经验与启示》，《社会福利》第 5 期。

［95］赵一红、聂倩，2022，《供需与结构：中国社会养老服务体系建构的逻辑》，《社会学研究》第 6 期。

［96］郑石桥、和秀星、许莉，2011，《政府审计处理处罚中的非正式制度：一个制度冲突理论架构》，《经济与管理评论》第 7 期。

［97］郑石桥、郑卓如，2013，《核心文化价值观和内部控制执行：一个制度协调理论架构》，《会计研究》第 10 期。

［98］中国社会科学院语言研究所词典编辑室编，2016，《现代汉语词典》（第 7 版），商务印书馆。

［99］钟慧澜，2017，《中国社会养老服务体系建设的理论逻辑与现实因应》，《学术界》第 6 期。

［100］钟健生、徐忠麟，2018，《生态文明制度的冲突与整合》，《政法论丛》第 3 期。

［101］周丽萍，2008，《保险业发展的制度冲突与制度协调》，吉林大学博士学位论文。

［102］朱海就，2014，《制度协调的一个初步探讨》，《学术界》第 1 期。

［103］朱晓云、舒娜，2024，《积极老龄化视阈下都市养老模式的可及性——以上海市为例》，《江西开放大学学报》第 4 期。

[104] 宗晓丽、肖江波，2021，《民族地区机构养老服务政策执行影响因素探析——以甘南藏族自治州为例》，《北方民族大学学报》第 2 期。

[105] Anderson, G. F., Hussey, P. S., et al., 2018, "Population Aging: A Comparison among Industrialized Countries", *Health Affairs* 19 (3).

[106] Bowman, C., 2019, "Care of the Elderly, Quo Vadis?", *Journal of the Royal College of Physicians of Edinburgh* 49 (2).

[107] Bowman, C., et al., 2001, "Acute Hospital Admissions from Nursing Homes: Some May Be Avoidable", *Postgraduate Medical Journal* 77 (903).

[108] Bowman, C., Meyer, J., 2014, "Formative Care: Defining the Purpose and Clinical Practice of Care for the Frail", *Journal of the Royal Society of Medicine* 107 (3).

[109] Campbell, J. C., Ikegami, N., 2000, "Long-Term Care Insurance Comes to Japan", *Health Affairs* 19 (3).

[110] Christine, R., 2017, "Care at Home for Elderly-Lessons Learnt from the Swiss Red Cross 'Integrated Home Care' in Eastern Europe/CIS", *International Journal of Integrated Care* 17 (5).

[111] Daugbjerg, C., Swinbank, A., 2012, "An Introduction to the 'New' Politics of Agriculture and Food", *Policy and Society* 31 (4).

[112] John, M., Brian, R., 2011, "Institutionalized Organizations: Formal Structure as Myth and Ceremony", *Journal of Economic Sociology* 12 (1).

[113] Kane, R. L., et al., 2003, "The Effect of Evercare on Hospital Use", *Journal of the American Geriatrics Society* 51 (10).

[114] Lagergren, M., 2002, "The Systems of Care for Frail Elderly Per-

sons: The Case of Sweden", *Aging Clinical and Experimental Research* 14 (4).

[115] Lagergren, M., et al., 2004, "A Longitudinal Study Integrating Population, Care and Social Services Data: The Swedish National Study on Aging and Care (SNAC)", *Aging Clinical and Experimental Research* 16 (2).

[116] North, D. C., 1990, *Institutions, Institutional Change, and Economic Performance* (Cambridge, UK: Cambridge University Press).

[117] Plochg, T., Ilinca, S., Noordegraaf, M., 2017, "Beyond Integrated Care", *Journal of Health Services Research & Policy* 22 (3).

[118] Plochg, T., Klazinga, N. S., 2002, "Community-Based Integrated Care: Myth or Must", *International Journal for Quality in Health Care* 14 (2).

[119] Ragnar, S., Paula, B., Ulrika, W., 2011, "Privatization of Social Services: Quality Differences in Swedish Elderly Care", *Social Science & Medicine* 72 (4).

[120] Stolt, R., Winblad, U., 2008, "Mechanisms Behind Privatization: A Case Study of Private Growth in Swedish Elderly Care", *Social Science & Medicine* 68 (5).

[121] Sudo, K., et al., 2018, "Japan's Healthcare Policy for the Elderly through the Concepts of Self-Help (Ji-jo), Mutual Aid (Go-jo), Social Solidarity Care (Kyo-jo), and Governmental Care (Ko-jo)", *BioScience Trends* 12 (1).

[122] Trydegård, G. B., 2000, *Tradition, Change and Variation: Past and Present Trends in Public Old-Age Care* (Edsbruk: Akademitryck AB Press).

[123] Witt, M. A., 2006, *Changing Japanese Capitalism: Societal Coordi-*

nation and Institutional Adjustment (Cambridge, UK: Cambridge U-niversity Press).

[124] Yin, R. K., *Case Study Research: Design and Methods* (5th ed.) (Newbury Park, CA: Sage Publication, 2013).

图书在版编目（CIP）数据

社会养老服务的制度变迁与协调 / 赵紫薇著 .
北京：社会科学文献出版社，2025.3. -- ISBN 978-7
-5228-4995-9

Ⅰ . D669.6

中国国家版本馆 CIP 数据核字第 2025KV1086 号

社会养老服务的制度变迁与协调

著　　者 / 赵紫薇

出 版 人 / 冀祥德
组稿编辑 / 高　雁
责任编辑 / 贾立平
责任印制 / 岳　阳

出　　版 / 社会科学文献出版社·经济与管理分社（010）59367226
　　　　　地址：北京市北三环中路甲 29 号院华龙大厦　邮编：100029
　　　　　网址：www.ssap.com.cn
发　　行 / 社会科学文献出版社（010）59367028
印　　装 / 三河市尚艺印装有限公司

规　　格 / 开　本：787mm×1092mm　1/16
　　　　　印　张：13.75　字　数：185 千字
版　　次 / 2025 年 3 月第 1 版　2025 年 3 月第 1 次印刷
书　　号 / ISBN 978-7-5228-4995-9
定　　价 / 128.00 元

读者服务电话：4008918866